ZARAH LEANDER

Ihre Filme – ihr Leben

von CORNELIA ZUMKELLER

Originalausgabe

WILHELM HEYNE VERLAG
MÜNCHEN

HEYNE FILMBIBLIOTHEK
Nr. 32/120

Herausgeber: Bernhard Matt

Redaktion: Willi Winkler

Copyright © 1988 by Wilhelm Heyne Verlag GmbH & Co. KG, München
und Autorin
Umschlagfoto: Archiv Dr. Karkosch, Gilching
Rückseitenfoto: Stiftung Deutsche Kinemathek, Berlin
Innenfotos: Deutsche Presseagentur, München; Bildarchiv Engelmeier, München;
Archiv Dr. Karkosch, Gilching; Kinestone Pressedienst, Hamburg; Stiftung Deutsche
Kinemathek, Berlin; Süddeutscher Verlag, Bilderdienst, München;
Ullstein Bilderdienst, Berlin
Umschlaggestaltung: Atelier Ingrid Schütz, München
Printed in Germany 1988
Satz: Fotosatz Völkl, Germering
Druck und Verarbeitung: Ebner Ulm

ISBN 2-453-02623-3

Inhalt

›Es war eine rauschende Ballnacht‹

Eine protestantische Familie

Zarah Stina Hedberg wurde am 15. März 1907 im schwedischen Karlstad geboren. Ob sie nun auf den Namen Zarah oder Sarah getauft wurde, ist heute nicht mehr mit letzter Sicherheit festzustellen. Das gleiche gilt für ihr Geburtsjahr. Manch einer will wissen, daß sie bereits 1902 oder gar im Jahr 1900 zur Welt kam; sehr wahrscheinlich ist keine dieser beiden Jahreszahlen.

Zarahs Elternhaus war durch und durch von der protestantischen Moral- und Pflichtauffassung geprägt. Fleiß, Redlichkeit und Pflichterfüllung waren mehr gefragt als alles andere. Vor allem Zarahs Mutter Mathilda verkörperte diese Tugenden, viel mehr noch als ihr Vater, der dank seines ausgesprochen gutmütigen Naturells in der Lage war, über kleinere Vergehen seiner Kinder augenzwinkernd hinwegzusehen.

Anders Lorentz Sebastian Hedberg spielte in Zarahs Kindheit die wichtigste Rolle. Er war von Beruf Grundstücksmakler und hatte zu Zarahs großem Glück sein Büro zu Hause. Zarah war die einzige Tochter des Ehepaars Hedberg; kein Wunder also, daß ihr Vater sie ihren vier Brüdern unverhohlen vorzog. Wann immer Vater Hedberg konnte, machte er sich von seiner Arbeit frei, um sich mit seiner Tochter zu beschäftigen, sehr zum Unwillen von Mutter Mathilda, die es viel lieber gesehen hätte, wenn sich Zarah im Haushalt nützlich gemacht hätte, schon um sich früh an ein Leben als schwedische Bürgersfrau zu gewöhnen. Die menschlichen Qualitäten einer Frau, so Mutter Mathildas unerschütterliche Überzeugung, spiegeln sich in einem akkurat geführten Haushalt wider. Zarah ließ gerade in dieser Hinsicht in ihrer Kindheit und Jugend sehr zu wünschen übrig. Wo sie war, herrschte immer Unordnung. Schlampig zu sein hielt sie für »künstlerisch«, »fesch« oder gar »à la bohème«. Daß es bei solch gegensätzlichen Einstellungen zwischen Mutter und Tochter häufig zu kleineren oder größeren Zusammenstößen kam, war beinahe zwangsläufig.

Zarah mied ihre Mutter zwar nicht gerade, aber Mathilda war offensichtlich eine zu energische, spröde und humorlose Frau, als daß das Verhältnis zwischen den beiden hätte herzlich werden können. Ihrer Mutter, der unumstrittenen Herrscherin im Haus, gehorchte sie, ihrem Vater vertraute sie. Das war die Rollenverteilung im Hause Hedberg. Mit ihrem Vater bildete Zarah eine geistige Einheit, die allen anderen Familienmitgliedern nicht oder nur sehr selten zugänglich war.

Zarah Leander beschrieb ihren Vater als weichherzigen, überaus gutmütigen, ja fast zu gutmütigen Menschen, der den Härten des Lebens deshalb nicht immer gewachsen war. Mit seinen hundertvierzig Kilogramm Lebendgewicht war er äußerlich ein Elefant; innerlich war er ein Schöngeist, Romantiker und Poet, der gerade an zierlichen, filigranen Dingen seine Freude fand. Er spielte mit Hingabe Flöte und vermittelte der Tochter seine Liebe zur Musik. Die Familie war überhaupt sehr musikalisch; man sang und musizierte häufig gemeinsam, aber nur für den Hausgebrauch. Öffentliches Musizieren hatte nämlich vor allem für die gestrenge Mutter einen Hauch von Liederlichkeit. Zarah sollte damit noch zu kämpfen haben.

Die herbe, bis in die Fingerspitzen von Prinzipien durchdrungene Mutter hätte Zarah sicherlich nie mit auf den Weg gegeben, was Vater Anders ihr immer und immer wieder ans Herz legte: Tu nur das, was du wirklich tun willst! Zarah bezeichnete diesen Leitspruch in ihrer Autobiographie als ihr bestes väterliches Erbteil. Angesichts der ebenfalls sehr stark vom Protestantismus geprägten Lebensauffassung ihres Vaters wirkt diese Maxime etwas überraschend, aber gerade deshalb war sie für ein Mädchen wie Zarah, das von Anfang an immer ein wenig von der Norm abgewichen ist, so überaus wichtig.

Zarah hatte schon sehr früh das Gefühl, anders zu sein als ihre Schulkameradinnen. Nicht nur, daß sie rote Haare hatte und überdurchschnittlich groß war und deshalb gar nicht dem Ideal weiblicher Zierlichkeit entsprach: Sie hatte auch andere Interessen. Über Handarbeiten sprach sie nur ungern, während sich die anderen Mädchen andauernd darüber unterhielten. Da sie sehr kurzsichtig war und damit schon die natürlichen Voraussetzungen für kleinmaschige Handarbeiten nicht mitbrachte, hätte sie selbst beim besten Willen nicht über Sticken, Stricken oder Häkeln sprechen können. Sie litt manchmal an dieser Außenseiterrolle, doch ihr Vater bestärkte sie in ihrem Anderssein. Er wollte um jeden Preis verhindern, daß sie sich ihrer Umgebung gegen ihre eigenen Überzeugungen und Interessen anpaßte, nur um das Gefühl zu haben, dazuzugehören. Man muß sich treu bleiben, war seine Devise.

Was Zarah nicht mit ihrem Vater zusammen tun konnte, war für sie Nebensache, eine lästige Pflicht. Dazu gehörte auch die Schule, die sie als Hölle empfand. Wie es sich für ein Mädchen aus gutem Hause in Schweden – natürlich nicht nur dort – gehörte, besuchte sie acht Jahre lang die Schule. Sie ging in eine Klosterschule und empfand es mit der Zeit als immer unerträglicher, hier ausschließlich unter Frauen zu sein. Kein Mann verirrte sich jemals an diesen züchtigen Ort. Daß Zarah sehr unter diesem künstlichen Ausschluß alles Männlichen litt, ist völlig verständlich, da sie durch ihren Vater und ihre Brüder außerordentlich stark auf männliche Bezugspersonen fixiert war. Schon damals war ihr offenbar die männliche Art zu denken, zu sprechen und zu handeln viel vertrauter und deshalb geläufiger als die weibliche. Zumindest in diesem Punkt ähnelte sie sehr stark ihrer Mutter.

Die Mutter war die leibhaftige Verkörperung des protestantischen Idealbilds einer Hausfrau. Sie hatte einen großen Haushalt, in dem sie nicht nur ihre eigene Familie versorgte, sondern mittags auch die Angestellten ihres Mannes verköstigte. Bei ihr liefen alle Fäden zusammen, und wenn zu Hause alles wie am Schnürchen lief, dann war das ganz allein ihr Verdienst. Da der in ihren Augen viel zu träumerische Mann sie dabei wenig oder gar nicht unterstützte, mußte sie eben die Durchsetzungskraft für zwei aufbringen, und es ist nur natürlich, daß bei soviel Tatkraft, Energie und Strenge die Mütterlichkeit zu kurz kam. Mutter Mathilda war in erster Linie Respektsperson, auch für ihren Mann. Ihr Entscheidungen aus der Hand zu nehmen, das hätte im Haus Hedberg keiner gewagt.

Natürlich unternahm sie alles Notwendige, um Zarah auf ihr künftiges Hausfrau- und Mutter-Dasein vorzubereiten. Es blieb Zarah nicht erspart, die Feinheiten der Haushaltsführung zu erlernen: Kochen, Schlachten, Waschen, Nähen, Bügeln, Stärken usw.

Natürlich brachte man ihr auch das Einmaleins des guten Tons bei; welche Temperatur welcher Wein haben muß, welchen man zu welcher Speise reichen muß, das und vieles mehr waren Fragen von grundlegender Bedeutung, deren Beantwortung man in gepflegten Häusern nicht dem Zufall überlassen durfte. Das Wissen über solche Details mußte perfekt sitzen, sollte es doch auf all die kommenden Frauengenerationen übertragen und für sie erhalten werden. Wo käme man hin, wenn man da schlampte!

Auch der kulturelle Aspekt kam nicht zu kurz. Eine kultivierte Ehefrau hatte mindestens ein Instrument zu beherrschen. Daß Zarah diesem Anspruch genügte, dafür wurde seit 1911 Sorge getragen, denn von da an lernte sie bei einem deutschen Kindermädchen Klavier und Geige, und ganz nebenbei bekam sie auch noch die Grundzüge der deutschen Sprache mit.

Daß sie eines Tages ihrer einzigartigen Stimme wegen ein Star werden sollte, zeichnete sich in ihrer Kindheit noch nicht ab. Zarah war noch im hohen Alter froh darüber, denn hätte man schon damals ihr Talent erkannt, so meinte sie, dann hätte man sie sicherlich zu einem Gesangslehrer

Zarah Leander – lange vor dem großen Ruhm

geschickt; und den damaligen Musikpädagogen traute Zarah nur stimm*ver*bildende, auf keinen Fall stimmbildende Fähigkeiten zu.

Zarah mußte sich nicht nur auf künftige Hausfrauenpflichten vorbereiten, sondern auch auf den schlimmsten Fall, nämlich den, keinen Mann abzubekommen. Man ließ sie ein wenig Büroluft schnuppern, damit sie ein solch trauriges Dasein wenigstens ehrbar als Telefonistin oder Büroangestellte hinter sich bringen könnte. Da Zarah in ihren Backfischjahren alles andere als reizvoll war, schien es – zumindest ihr – nicht sicher zu sein, daß sie dem traurigen Schicksal der Ehelosigkeit entgehen würde. Ob sie tatsächlich so häßlich war, wie sie sich noch Jahrzehnte später beschrieb, sei dahingestellt. Was aber zählte, war, daß sie sich so maßlos häßlich *fühlte*. Mit ihren 1,72 Metern, Schuhgröße vierzig, »befremdlich« roten Haaren, unzähligen Sommersprossen, kaum wahrnehmbaren Augenbrauen und ihrer sie stark verunsichernden Kurzsichtigkeit fand sie lange keine positive Einstellung zu sich selbst. Hinzu kamen noch die ständigen Sticheleien ihrer Brüder, die auch ihr Vater nicht immer verhindern konnte, obwohl er immer seine ganze Autorität einsetzte, um Zarah vor den Grobheiten ihrer gnadenlosen Brüder zu schützen.

Trotz oder vielleicht gerade wegen der ihr fehlenden Grazie träumte Zarah davon, Tänzerin zu werden. Als sie ihren Brüdern davon erzählte, brachen sie in Hohngelächter aus. Auch da half des Vaters Eingreifen wenig. Aber er verfügte mit aller Strenge Stillschweigen gegenüber der Mutter, deren Reaktion auf einen solchen Wunsch vorhersehbar war und für Zarah noch viel deprimierender gewesen wäre als das Gelächter ihrer Brüder. Schauspielerin, Sängerin oder gar Tänzerin zu werden, grenzte für Mutter Mathilda hart an Prostitution – sofern sie überhaupt einen Unterschied machte, denn so oder so schlug man in solchen Berufen aus seinem Körper Kapital. Eine anständige Frau zeigte ihre Reize nicht und stellte sie schon gar nicht zur

Zarahs Gesicht war bestes Diven-Kapital

ZARAH LEANDER

Zarah – die Skeptische

Schau! Daß der Vater Zarah durch sein Schweigegebot vor einer Standpauke bewahrte, machte deutlich, wie ernst er seine Tochter nahm. Er hätte sich ja auch einfach über die Teenagerträume seiner Tochter amüsieren können.

Sicher, Zarah Hedbergs Traum war der gleiche, den viele Mädchen träumten und heute noch träumen. Eine wilde Entschlossenheit hat sich auch bei ihr aus diesem Traum nicht ergeben. Er stand eben einfach für den Wunsch, ihre kleine Welt ein wenig zu vergrößern und sich dem oft drückenden Regiment der Mutter besser entziehen zu können. Der Unterstützung ihres Vaters konnte sie sich ohne jede Einschränkung sicher sein, denn sie würde ja machen, was sie wirklich wollte.

Ein Schlüsselereignis für ihr ganzes weiteres Leben war eine Reise mit ihrer Tante Rut, die in Wahrheit keine Tante, sondern die beste Freundin ihrer Mutter war. In den Augen Zarahs war Tante Rut eine Frau von Welt, eben etwas Besonderes. Diese Frau nahm die siebzehnjährige, die gerade die Schule abgeschlossen hatte, mit nach Riga. Riga war für Zarah Hedberg aus Karlstad ungeheuer beeindruckend. Alles in dieser Stadt war um mehrere Nummern größer als das, was sie von zu Hause kannte. Der Übergang vom oft freudlosen Dasein in der schwedischen Provinz in diese Stadt mit ihren mittelalterlichen Bauten, mit ihren beeindruckenden Befestigungswerken und ihrem metropolitanen Flair machte Zarah taumelig vor Begeisterung.

Die beiden Frauen stürzten sich kopfüber ins Kulturleben. Sie kosteten das Theater- und Konzertangebot von A bis Z aus und machten etwas, was Zarah bis dahin überhaupt nicht gekannt hatte: Sie lebten in den Tag hinein, ließen Abwasch Abwasch und Haushalt Haushalt sein. Mit ihrer Mutter wäre das nie möglich gewesen. Sie spielten stundenlang Klavier und sangen dazu. In Ruts Gegenwart legte Zarah alle Hemmungen ab, die sie zu Hause vor ihren Brüdern und der Mutter, vielleicht auch ein wenig vor dem Vater gehabt hatte, und bremste ihre Stimme nicht mehr.

Zum ersten Mal hörte auch sie selbst ihre eigene Stimme so, wie sie wirklich war. Ruts Reaktion ermutigte sie. Zarah wurde selbstbewußter, weil sie zum ersten Mal einen unbestreitbar vorteilhaften Zug an sich selbst entdeckt hatte. Daß ausgerechnet Rut, die viel in der Welt herumgekommen war, in ihr eine werdende Künstlerin und in ihrem Kontraalt etwas ganz Besonderes sah, hat sie sehr beflügelt. In Riga, so meinte Zarah später, habe sie zum ersten Mal Blut geleckt. Der zweijährige Aufenthalt in Riga brachte so ganz nebenbei noch etwas anderes mit sich, was für Zarahs späteren Ruhm überaus wichtig war: Sie lernte zu ihren bereits vorhandenen Grundkenntnissen genügend Deutsch hinzu, um später in Deutschland den Höhepunkt ihrer Karriere erreichen zu können. Doch davon war sie 1924 noch ein gutes Stück entfernt.

Die Portiersloge zur Hölle

Zarah Hedberg träumte nach ihrer Rückkehr aus Riga weiterhin vom Künstlerleben, nur eben wesentlich intensiver. Zunächst dachte sie aber noch nicht daran, Sängerin zu werden, denn das Theater hatte auf sie schon lange eine wesentlich größere Faszination ausgeübt als Musical, Operette oder Oper. Gemeinsam mit ihrer ersten Liebe hatte sie die großen Dramatiker wie Shakespeare, Goethe oder Schiller förmlich in sich hineingesogen, und der Gedanke, daß sie vielleicht eines Tages vor einem großen Publikum die Klassiker deklamieren dürfte, ließ sie nicht mehr los.

Zarahs erste Liebe hieß übrigens Östen. Er ging aufs Gymnasium und war einige Jahre älter als sie. Zarah erklärte mit Nachdruck, daß es sich um eine reine Liebe gehandelt habe, die zu nichts weiter führte als zu romantischen Spaziergängen, bei denen sie Händchen hielten und über ihre gemeinsame Theaterbesessenheit sprachen. Schließlich, so Zarah, sei es damals nicht üblich gewesen, schon als Zwölfjährige miteinander ins Bett zu steigen. Ihre Entrüstung über den heutigen moralischen Mißstand ist unüberhörbar. Damals hätte man sich Gefühle füreinander durch literarische Zitate bezeigt.

Zarahs Begeisterung für das Theater steigerte sich durch den Umgang mit dem schwärmerischen Östen bald ins Kultische. Die Vorstellung, daß Schauspieler keine schaumgeborenen Wesen, sondern Menschen sein könnten, wie man sie an jeder Straßenecke trifft, hatte für sie schon defätistische Züge. Bei einer solch glühenden Verehrung ihrer Theatergötter war es für sie natürlich ein Schock, als sie die »engelhafteste« Schauspielerin des Karlstader Theaters, Mary Johnson, eines Tages dabei beobachtete, wie sie allzu menschengleich in einen Apfel biß. Zarah war völlig ernüchtert, sie sah das Theater fortan mit einem weniger verklärten Blick, und die Erde hatte sie wieder. In dem Portier

ZARAH LEANDER

Zarah Leander auf dem Höhepunkt ihrer Karriere

des Karlstader Theaters hatte Zarah einen Freund und Mitverschworenen. Bei jedem Gastspiel – ein eigenes Ensemble konnte sich die kleine Stadt offenbar nicht leisten – erlaubte er ihr, sich hinter den Kulissen zu verstecken, um von dort aus das Bühnengeschehen beobachten zu können. Auf diese Weise konnte sie ihren großen Idolen – Richard Lund, Gösta Ekmann (der 1926 in F. W. Murnaus *Faust*-Verfilmung an der Seite von Emil Jannings die Titelrolle spielte) und Mary Johnson – ganz nahe kommen. Vor der Apfel-Szene kam das für sie einem Aufstieg in den Olymp gleich.

Zarah beließ es nicht einfach beim Träumen, sie wurde auch aktiv. Sie meldete sich 1926 bei der Schauspielschule des Königlichen Dramatischen Theaters, des Dramaten, zur Aufnahmeprüfung an. Der Leiter dieser, der vielleicht angesehensten schwedischen Schauspielschule war Helge Wahlgren, allerdings nur nominell. In Wirklichkeit hatte seine Frau Maria Schildknecht das Sagen. An dieser energischen, äußerst machtbewußten Frau kam niemand vorbei. Sie herrschte über den Schulbetrieb ebenso unumschränkt wie über die Schüler. Wen diese Frau mochte, der hatte nicht den geringsten Grund, sich zu beklagen, aber wehe dem, an dem sie auch nur eine Kleinigkeit auszusetzen hatte! Grundsätzlich hatte diese Frau ein Faible für schöne junge Männer; über mangelnde Begabung sah sie bei ihnen gerne hinweg. Frauen dagegen hatten es bei ihr äußerst schwer, denn die hielt Maria Schildknecht von vorneherein für unbegabt, und von dieser Überzeugung war sie nicht abzubringen. Diese negative Voreingenommenheit gegenüber dem eigenen Geschlecht hatte positive Folgen für die Schauspielerzunft, denn zumindest bei den Frauen kamen nur solche Bewerberinnen zum Zuge, deren Darbietungen beim Probesprechen überragend waren. Zarah erfuhr das erst Jahre nach ihrer Bewerbung. Nach eigener Aussage hatte sich Zarah für ihre Aufnahmeprüfung zuviel vorgenommen und noch dazu eine Rolle ausgesucht, die ganz und gar nicht zu ihr paßte: Oscar Wildes *Salome*. Wunschdenken und Realität klafften damals weit auseinander, denn noch war sie nicht in der Lage, eine *femme fatale* zu verkörpern. Einem Teenager nimmt man eben den »edel-tragischen Vamp« nur in den allerseltensten Fällen ab. Doch nicht nur ihr Alter war für die überzeugende Darbietung der Salome ein Hindernis, hinzu kamen noch ihr breiter Dialekt und ihr etwas plumper Körperbau. Sie wirkte eher wie ein bemitleidenswertes Landfräulein. Kurz: die Aufnahmeprüfung – ihr Vorsprechen – geriet zur Katastrophe, und die gnadenlose Maria Schildknecht faßte ihren Eindruck kurz und prägnant in einem Satz zusammen: »Sieht blendend aus, ist aber total unbegabt.«

Natürlich war Zarah deprimiert, doch gewann sie diesem harten Urteil auch eine positive Seite ab. Schließlich hatte diese absolut nicht zur Schmeichelei neigende Frau gesagt, daß sie blendend aussehe, und das hatte ihr bis dahin noch nie jemand gesagt, dessen Wort bei ihr Gewicht hatte.

Zarah ließ sich trotz ihrer angeblich fehlenden Begabung nicht – wie so viele ihrer Mitbewerberinnen – entmutigen. Sie nahm ihre ganze Courage zusammen und schwatzte John Forsell einen Termin ab. Er war damals der Chef der Königlichen Bühnen in Stockholm und damit der einflußreichste und wichtigste Theatermann der Stadt. Daß der vielbeschäftigte Mann ihr die Möglichkeit gab, ihm vorzusingen, hatte zu diesem Zeitpunkt nichts mit verwandtschaftlicher Verpflichtung zu tun, denn ihr Schwiegervater wurde Forsell erst ein paar Jahre später. Demnach kann es nur ihre Zähigkeit gewesen sein, durch die sie zu diesem Termin kam, nicht das berühmte Vitamin B. Forsell fand, daß sie apart aussehe, aber zu laut schreie. Seiner Meinung nach war sie eher ein Fall für die Operette. Auch diese Absage ließ an Deutlichkeit nichts zu wünschen übrig, sie war endgültig, denn Zarah sollte nie in ihrem Leben auf den Brettern dieser Bühne stehen.

Auch wenn ihr Aufenthalt in Stockholm in beruflicher Hinsicht ein völliger Reinfall war, so war er für ihr Privatleben doch sehr folgenreich. Sie hatte Nils Leander kennengelernt, einen gutaussehenden, umschwärmten jungen Schauspieler. Zarah war sehr beeindruckt von ihm, obwohl sie rückblickend bezweifelte, daß sie ihn jemals geliebt hat. Wie dem auch sei, die beiden heirateten, ohne sich besonders lange, geschweige denn gut zu kennen. Die Provinzgans hatte sich einen Frauenschwarm geangelt, ohne zu wissen, wo sie da hineingeriet. Die jungvermählten Leanders konnten sich keine eigene Wohnung leisten, also zogen sie zu seinen Eltern nach Ostergötland. Zarahs Schwiegervater war Pastor in Risinge, und seine Pflichtauffassung war nicht minder streng als die von Mutter Mathilda. Nicht nur materiell fehlte es an vielem, auch emotional. 1927 brachte Zarah ihre Tochter Boel zur Welt, zwei Jahre später ihren Sohn Göran. Sie zog ihre Kinder praktisch alleine auf, und ihr Leben war noch freudloser geworden, als es in ihrer Karlstader Kindheit jemals gewesen war. Sie arbeitete von morgens bis abends, und ob sich eine junge Frau vielleicht ein wenig mehr vom Leben erwartete, als tagein, tagaus nur Windeln zu waschen, zu putzen und zu scheuern, das interessierte in Risinge niemanden.

Die Religiosität auf dem Pfarrhof zu Risinge hatte so extreme Formen angenommen, daß auf dem Klavier, das dort stand, nur besinnliche oder liturgische Weisen gespielt werden durften. In diesem Haus Kinderlieder oder gar Couplets zu singen war völlig undenkbar. Zarah nannte die Pfarrei später die »Portiersloge zur Hölle«.

Zarah, die mit Musik aufgewachsen war, wäre in Risinge nicht nur in menschlicher, sondern auch in musikalischer Hinsicht verarmt, hätte es nicht in einiger Entfernung vom Pfarrhaus ein stilles Örtchen gegeben, ein Plumpsklo. Dort übte sie, was vor den Ohren des sittenstrengen Pastors verboten war: Couplets, Couplets und noch einmal Couplets. Sie betrieb das so ausdauernd, daß sich ihre

Schwiegereltern besorgt fragten, ob Zarah nicht an irgendeiner mysteriösen Krankheit leide. Zarah konnte und wollte sie nicht beruhigen, sonst hätte sie ihnen erstens die skandalöse Wahrheit sagen müssen und zweitens die letzte Freude in ihrem tristen Dasein verloren.

Manch einer wird sich nun vielleicht fragen, wo denn der Ehemann geblieben ist, und genau diese Frage muß sich auch Zarah in jenen Jahren sehr oft gestellt haben, denn Nils Leander ließ sich immer seltener zu Hause blicken. Das eheliche Glück war nur von äußerst kurzer Dauer, dann konnte Nils Leander sein zweites Ich nicht länger zurückdrängen. Er war phasenweise ein haltloser Säufer, und die Abstände zwischen den einzelnen Alkoholexzessen wurden im Verlauf der ohnehin sehr kurzen Ehe immer geringer. Hatte ihn seine Sucht einmal wieder gepackt, dann tauchte er nächtelang nicht zu Hause auf. Er zog von Wirtshaus zu Wirtshaus, und je länger seine Streifzüge wurden, um so angemessener wurde der Begriff Spelunke für die Etablissements, in denen er sich vollaufen ließ. Zarah suchte ihn oft stundenlang, war voller Verzweiflung und empfand es dann als ungeheure Demütigung, wenn sie ihn in einem finsteren Loch volltrunken im Schlepptau irgendeines fragwürdigen Frauenzimmers fand. Häufig erkannte er sie gar nicht und weigerte sich, mit ihr nach Hause zu kommen. Zarah mußte dann häufig alleine zurück. Wenn er Tage später wieder auftauchte, konnte er sich an nichts mehr erinnern, weder wo er gewesen war, noch mit wem er die vergangenen Tage und Nächte verbracht hatte. Zarah nahm sich in ihren einsamen, verzweifelten Nächten immer wieder vor, ihn zu verlassen, sie ließ sich aber jedes Mal wieder umstimmen, weil er in nüchternem Zustand noch immer genauso charmant und liebenswert war wie in den ersten Tagen ihrer Beziehung. Nils Leander versprach seiner Frau wiederholt hoch und heilig, mit dem Trinken aufzuhören, doch er schaffte es trotz aller Anstrengungen nicht. Von Mal zu Mal schwand Zarahs Vertrauen in ihn und seine Versprechungen ein wenig mehr. Schließlich gab sie alle Hoffnung auf und machte wahr, was sie sich schon so oft vorgenommen hatte: Sie packte ihre Kinder und ihre wenigen Habseligkeiten und verließ ihren Mann, der, von wenigen glücklichen Wochen abgesehen, für sie eine einzige Enttäuschung gewesen war.

Ehe sie diesen Schritt jedoch vollzog, hatte sie sich abgesichert, schließlich konnte sie ja nicht ins Nichts davonziehen. Sie hatte es geschafft, bei Ernst Rolf in Norköping vorsingen zu dürfen. Der Termin war für den 22. oder 23. Oktober 1923 festgelegt. Zarah konnte sich später nicht mehr an das genaue Datum erinnern, obwohl dieser Tag so wichtig für ihre Karriere und ihre ganze Zukunft war. Aber nicht nur das: Mit diesem Tag, so meinte sie später, sei auch ihre Jugend beendet gewesen; er war zugleich der letzte Tag ihrer Ehe mit Nils Leander, auch wenn sie erst 1931 geschieden wurden.

Nur in schwedischen Filmen zeigte Zarah so viel Haut

Rolfs revy

Zarah hatte es satt, in Risinge ihre besten Jahre zu vertun und sich ausbeuten zu lassen. Mit ihrem letzten Geld kaufte sie sich eine Bahnfahrkarte nach Norköping, wo im Herbst 1929 Ernst Rolfs *China-Revue* starten sollte.

Ernst Rolf war zu dieser Zeit der ungekrönte König der schwedischen Unterhaltungsbranche. Er herrschte über die gesamte leichte Muse, und ganz Schweden horchte und schaute auf, wenn er ein neues Projekt ankündigte. Zarah wußte ganz genau, daß ihr der Zugang zu allen wichtigen Leuten des Schaugeschäfts sicher wäre, wenn sie nur erst zu diesem wichtigen Mann durchdringen könnte. Ernst Rolf war das *entréebillet* zur Theaterwelt Schwedens. Zarah war klar, daß sie keine großen Chancen hatte, bei ihm zu »landen«, doch ihre persönliche Lage war so verzweifelt, daß sie gar keine andere Wahl hatte, als ins kalte Wasser zu springen.

Zarah wußte, daß die Garbo-Parodie *Wollt ihr einen Star sehen, schaut mich an* (nach der Melodie von *Wenn der weiße Flieder blüht*) ein Bestandteil der neuen Revue sein sollte. Die Originalversion von Margit Rosengren hatte Zarah schon oft im Radio gehört. Sie kaufte sich die Noten zu diesem Ohrwurm, um ihn immer und immer wieder auf dem stillen Örtchen zu üben. Ihre Hoffnung, doch engagiert zu werden, wuchs enorm, als sie erfuhr, daß nicht Margit Rosengren diese Nummer übernehmen sollte, sondern Tutta Berntzen, die nach Zarahs Meinung nicht das nötige Primadonnenformat mitbrachte, ganz im Gegensatz zu ihr selbst.

Als sie das Couplet vortrug, saßen Ernst Rolf und J. W. Hagberg im Parkett, am Klavier saß Karl Wehle. Sie fühlte sich elend und unsicher, und ihre Nervosität machte sie ganz apathisch. Sie sang unter diesen Umständen wesentlich schlechter, als es ihren wirklichen Fähigkeiten entsprochen hätte. Trotzdem versprach ihr Ernst Rolf nach ihrem Vortrag einen Kontrakt. Er hatte offenbar erkannt, daß sie nur eine entspanntere Atmosphäre brauchte, um zu zeigen, was wirklich in ihr steckte; außerdem fand er, daß ihre lodernden roten Haare genau das Richtige für den Jahrmarktsrummel wären.

Zarah sollte fünfzehn Kronen Gage pro Tag erhalten. Um alles Notwendige arrangieren zu können, erhielt sie bis zum Antritt ihres Engagements ein paar Tage Aufschub und vor allem, das war zunächst für Zarah das Wichtigste, fünfzig Kronen Vorschuß, denn sonst hätte sie nicht einmal mehr zu ihren Kindern nach Risinge zurückfahren können, für die sie auch noch eine geeignete Unterkunft finden mußte.

Zarah hatte zunächst nur eine ganz kleine Nummer: Sie mußte ein boshaftes Couplet über die Presse vortragen, das ihr allerdings das Letzte abverlangte. Ernst Rolf kündigte ihren Auftritt mit den Worten an, daß er niemals junge, unschuldige Mädchen dazu ermuntere, zum Theater zu gehen, falls sich ihnen im Leben ein anderer Weg biete. Dieses eine Mal aber habe er eine Ausnahme machen müssen, und hiermit lege er seine Entdeckung den Zuschauern ans Herz. Sie heiße Zarah Leander, und diesen Namen müsse man sich merken.

Mit dem wenigen Geld, das sie bei der Revue verdiente, blieb ihr, genauso wie ihren Kolleginnen, nichts anderes übrig, als sich in den billigsten und dementsprechend schäbigen Unterkünften einzumieten. Da sie es sich auch nicht leisten konnten, auswärts zu essen, waren sie trotz strengster Verbote gezwungen, sich ihre spartanischen Mahlzeiten auf dem Zimmer zuzubereiten, und lebten deshalb in der ständigen Angst, daß durch den Essensgeruch ihr verbotenes Treiben ruchbar würde. Zarah, die durch ihre zwei Geburten und das entsagungsvolle Leben auf dem Pfarrhof sowieso schon sehr schmal geworden war, magerte nun richtiggehend ab. Die Sorgen um ihre Zukunft werden dazu nicht wenig beigetragen haben. Sie hatte zwar nun ein Engagement, doch der Vertrag war befristet, und sie wußte lange Zeit nicht, was danach kommen sollte. Schließlich ging es ja nicht nur um sie selbst, sie mußte auch ihre beiden Kinder versorgen, und von Nils Leander konnte sie keine Hilfe erwarten.

Zarah überlegte hin und her, wie sie es anstellen sollte, um nicht nur weiterhin sich und ihre Kinder mit ihrem Beruf durchzubringen, sondern gleichzeitig ihre Karriere voranzutreiben. Sie war viel zu ehrgeizig, um lange auf der Stelle zu treten, sie wollte unbedingt ein Star werden, und ihr wurde immer klarer, daß der erste Schritt dahin in einem Vertrag an einem Stockholmer Theater bestünde. Nur die Hauptstadt konnte das geeignete Sprungbrett für einen künftigen Star sein. Zarah ging nicht mit leeren Händen nach Stockholm, sie hatte einige gute Empfehlungen in der Tasche. Ihre Auftritte in der *China-Revue* waren nämlich nicht nur vom Publikum mit begeistertem Applaus belohnt worden, sondern auch von der Presse freundlich kommentiert worden. Ihrem Selbstbewußtsein hatte das einen gewaltigen Auftrieb gegeben. Mit dem Presselob und Ernst Rolfs gutem Namen in der Hinterhand machte sich Zarah auf den Weg nach Stockholm, um auf der Erfolgsleiter ein gutes Stück nach oben zu kommen.

Zarah – die Wehmütige

Revuejahre in Stockholm

Zarahs erste Station in Stockholm war das *Folkteatern*. Sie stellte sich dort bei Robert Ryberg, dem Direktor des Theaters, und Sigurd Wallén, dem Herrn und Meister des Ensembles, vor. Sie hoffte, für die kommende Neujahrsrevue engagiert zu werden, wenigstens für eine winzige Rolle. Daß sie tatsächlich genommen wurde, verdankte sie nicht nur ihrer Stimme, sondern auch Walléns engagiertem Eintreten für sie. In seinen Memoiren aus dem Jahr 1944 schildert Wallén das Vorsingen Zarahs: »Kaum hatte sie ein paar Takte gesungen, war es Rickard (der Autor meint damit sich selbst, Anm. d. Verf.) klar, daß er hier einen seltenen Vogel vor sich hatte, eine Entdeckung, wie sie sich jeder Direktor erträumt. Die junge, rothaarige Schönheit sang zwei, drei Nummern, und als sie fertig war, knöpfte sich Rickard sofort Robert Ryberg vor.

›Diese Puppe mußt du auf der Stelle engagieren, bevor jemand anders sie dir wegschnappt. Eine sagenhafte Entdeckung, merk dir meine Worte!‹

Robert Ryberg sah Rickard mit verhohlen skeptischen Blicken an:

›Das kann ich mir kaum vorstellen, oder glaubst du etwa, ich bin scharf auf eine Bassistin, die so lang ist, daß sie bis zu den Soffitten raufreicht? Das ist ja eine der rauchigsten Frauenstimmen, die ich je gehört habe.‹

›Du bist verrückt, wenn du nicht tust, was ich dir sage! Es dauert nicht ein Jahr, dann ist sie ein Star, darauf gehe ich jede Wette ein!‹«

Soweit Sigurd Wallén, der seinem Chef die Qualitäten Zarahs so vollmundig angepriesen haben will, als sie noch eine unbekannte Größe war. Seiner Meinung nach gebührt ihm, und ihm allein, der Lorbeer, Zarahs Entdecker zu sein; Ernst Rolfs Verdienste läßt er dabei völlig außer acht. Robert Ryberg ließ sich von Wallén überzeugen, insofern verdankt Zarah dem Renommisten zumindest ihren ersten Auftritt in Stockholm.

Einem hartnäckigen Gerücht zufolge war es Ryberg, der aus der Sarah eine Zarah machte, doch hat sie immer wieder betont, sie sei als Zarah zur Welt gekommen, ihr Name also durch und durch echt. Wie auch immer ...

Zarahs monatliche Gage bei Ryberg belief sich auf vierhundert Kronen. Ihre erste Nummer durfte Zarah in der Revue *Det glada Stockholm* (Das heitere Stockholm) singen, die am 1. Januar 1930 Premiere hatte. Sie sang das Lied *Jag vet inte varför jag gör det* (Ich weiß nicht, warum ich es tue) und erhielt dafür von einigen Kritikern ein bescheidenes Lob; in beruflicher Hinsicht war eine wichtige Hürde genommen.

Ansonsten hatte Zarah in jenen Monaten wenig Grund, in Euphorie zu geraten. Sie hatte zwei Kinder zu versorgen, und die vierhundert Kronen ermöglichten ihr alles andere als einen üppigen Lebensstil. Sie mietete in der Stockholmer Torsgatan eine Zweizimmerwohnung, die sie mit ihren Kindern und ihrer Mutter bewohnte. Zarahs Vater war mittlerweile gestorben, so daß Zarah den einzigen Menschen verloren hatte, der ihre Berufswahl mehr als nur resigniert billigte. Auch wenn Mutter Mathilda auf Boel und Göran aufpaßte, hatte Zarah von ihr doch kaum ermutigende Worte für ihren harten Weg nach oben zu erwarten. Ihre finanzielle Lage war so angespannt, daß sie einen Monat oder auch nur eine Woche ohne Engagement kaum verkraftet hätte. Ihre Monatsgage hatte es ihr nicht einmal ermöglicht, für ihre Kinder Betten zu kaufen; sie mußten statt dessen im Kinderwagen schlafen. Das Wissen, daß vier Menschen von ihrem beruflichen Erfolg abhingen, setzte sie unter einen enormen psychischen Druck, doch es lähmte sie nicht, im Gegenteil, es stärkte ihre Willenskraft nur noch mehr. Sie wußte – und sie lebte auch danach –, daß ihr Ehrgeiz, nach oben zu kommen, ein Star zu werden, nicht einfach die Marotte einer jungen Frau war, wie

Der Fotograf Franz Weihmayr wußte, wie er Zarah am besten in Szene setzte

es offenbar viele in ihrer Umgebung immer noch sahen, ihr Aufstieg war für sie schlicht eine Notwendigkeit, sie verschwendete auch nicht einen Gedanken an eine berufliche Alternative.

Bei all ihrem Ehrgeiz und all ihrer Energie hatte Zarah auch sehr viel Glück, denn nach ihrem ersten Engagement ergab sich alles beinahe wie von selbst, zumindest stellt sie es in ihrer Autobiographie so dar.

Die wichtigste Figur während ihrer ersten Jahre in Stockholm wurde Gösta Ekman. Der angesehenste Schauspieler Schwedens begann zu Beginn der dreißiger Jahre sein eigenes Theater aufzubauen. Er war von Anfang an der unumschränkte Souverän dieses Theaters, ohne dabei jemals autoritäre Züge an den Tag zu legen. Er war allein verantwortlich für einen Mitarbeiterstab von annähernd vierhundert Leuten: Bühnenarbeiter, Garderobieren, Musiker, Portiers, Schauspieler, Tänzer und Techniker. Ekman war durch die Neujahrsrevue am *Vasa*-Theater auf Zarah aufmerksam geworden.

Bevor Zarah sich 1931 für ein Jahr der *Gösta-Ekman-Theater-Aktiengesellschaft* verpflichtete, hatte sie in fünf verschiedenen Revuen mitgewirkt. Jede einzelne hatte sie ein kleines Stückchen weitergebracht, aber zum wirklichen Durchbruch hatte ihr keine verholfen.

Zarah Leander hatte gerade ein Engagement im *Vasa*-Theater, als im Januar 1931 ihre beste Freundin, Maritta Marke, zu ihr in die Garderobe gestürzt kam.

›»Zarah, Zarah! Telefon! Gösta Ekman will dich sprechen!‹

›Das ist ein ziemlich dummer Scherz, Maritta.‹

›Es ist kein Scherz, es ist Gösta Ekman. Du kannst ihn nicht warten lassen, das geht doch nicht!‹

›Was mag er bloß von mir wollen?‹

›Frag ihn!‹«

Zarahs anfängliche Ungläubigkeit war sicherlich nicht geheuchelt, schließlich war in den dreißiger Jahren für einen aufstrebenden Schauspieler ein Anruf Ekmans gleichbedeutend mit einer Verbindung zum Schauspielerolymp.

Zarah ging zum Telefon, und der Meister höchstpersönlich war am Apparat. Er vereinbarte einen Termin mit ihr, um mit ihr über eine Rolle zu sprechen, für die er sie im Auge hatte. Zarah war außer sich vor Begeisterung, doch diese Begeisterung wich schnell einer lähmenden Beklommenheit, denn bisher hatte sich noch nie jemand positiv über ihre schauspielerische Begabung geäußert, und sie wußte nicht, worauf Ekman mehr Wert legte: auf ihre zweifelsfrei außergewöhnliche Stimme oder auf die Fähigkeit, eine Rolle überzeugend zu interpretieren.

Am Tag ihrer Verabredung mit Ekman war Zarah so aufgewühlt, daß sie sich Maritta Marke als seelischen Beistand mitnahm. Als sie an Ekmans Wohnungstür klingelte, öffnete er selbst.

Er hatte eine so angenehme, beruhigende Ausstrahlung, daß Zarah schnell wieder zu sich fand. Er nahm ihr den Mantel ab und begann Zarah Zentimeter für Zentimeter zu mustern. Er schlich um sie herum, als gelte es, eine kostbare Statue auf ihren Wert zu taxieren. Sie schien ihm zuzusagen, um so mehr, als die »lange Leander« ihn mit ihren 1,72 Metern Größe nicht überragte; damit war die Gefahr gebannt, daß sie zumindest äußerlich auf der Bühne ein komisches Paar abgeben würden.

Gösta Ekman erzählte Zarah von seinem Vorhaben, die *Lustige Witwe* neu zu inszenieren. Er selbst wollte den Danilo spielen, und ihr hatte er die weibliche Hauptrolle zugedacht; sie sollte die Hanna Glawari spielen. Mit dieser Operette wollte er sein neues Haus eröffnen.

Zarah war zunächst eher skeptisch als begeistert, schließlich hatte sie noch nie eine Sprechrolle gehabt, und die Hanna Glawari muß mehr können als nur singen. In einer Operette muß man sich auch richtig bewegen können, d. h. seinem Körper ganz andere Ausdrucksformen abverlangen als bei einer Revue, die in dieser Hinsicht wesentlich anspruchsloser ist. Gösta Ekman zerstreute Zarahs Bedenken nicht nur, es gelang ihm, sie durch seine eigene Begeisterung für das Projekt richtiggehend mitzureißen. Zarah nahm sein Angebot an.

Als es daran ging, die Gage auszuhandeln, wurde die Atmosphäre wesentlich gespannter: Zarah hatte kurz vor ihrem Zusammentreffen mit Ekman ein Interview mit ihm gelesen, in dem er sich sehr detailliert über Gagenverhandlungen ausgelassen hatte. Sein Rat an jeden Schauspieler war, grundsätzlich doppelt soviel zu verlangen, wie vom Theaterdirektor geboten wurde. Schließlich sei es allgemein bekannt, daß diese gewohnheitsmäßig geradezu unverschämt niedrige Angebote machten. Ihm, Ekman, hätte man 1926 für die Titelrolle in Murnaus *Faust*-Verfilmung lächerliche vierzigtausend Mark angeboten, woraufhin er achtzigtausend und keinen Pfennig weniger verlangt hätte. Zwar hätte es deshalb einen Riesenkrach gegeben, doch hatte er letztendlich genau das bekommen, was er wollte. Zarah hatte sich dieses Beispiel so sehr zu Herzen genommen, daß sie Ekmans Angebot, das auf dreitausend Kronen pro Monat lautete, eiskalt verdoppelte: »Sechstausend, und keine Krone weniger!« Ekman fand diese Forderung unverschämt hoch; schließlich waren 1931 dreitausend Kronen durchaus eine Stargage. Ekman nahm erst einmal einen ordentlichen Schluck zu sich und ging dann ins Nebenzimmer, um sich dort mit seiner Frau abzusprechen. Zarah überlegte in der Zwischenzeit ängstlich, ob sie nicht zu weit gegangen wäre und damit eine große Chance vertan hätte.

Ekman kam von seiner Beratung zurück und stellte Zarah zur Rede. Die meinte, fest entschlossen, hart zu bleiben: »Schließlich habe ich es von dir, daß man in Gelddingen frech sein muß. Ich habe deinen Artikel über *Faust* gelesen ...«

Diese Antwort war Ekman die geforderten sechstausend Kronen wert. Zarah war engagiert. Die *Lustige Witwe*

So kannten und liebten sie die Deutschen: rätselhaft – entrückt

hatte für sie nicht nur den Reiz einer Zusammenarbeit mit *dem* Theaterstar Schwedens, auch die äußeren Umstände, unter denen diese Produktion gestartet werden sollte, waren äußerst günstig. So war zum Beispiel die *Lustige Witwe* die Lieblingsoperette der Stockholmer, und sie war seit acht Jahren in der schwedischen Hauptstadt nicht mehr aufgeführt worden. Sodann sollte mit dieser Operette das neue Konzerthaustheater eröffnet werden: Neues Haus und Neuinszenierung – Zarah spielte damit in einem doppelt attraktiven Stück die Hauptrolle.

Ekman war außerdem ein Meister der PR-Arbeit. Schon Monate vor der Premiere sorgte er dafür, daß die *Lustige Witwe* in aller Munde war. Allein die Ankündigung, daß er selbst den Danilo spielen würde, machte den Eröffnungsabend zu einem geradezu mit Hochspannung erwarteten Theaterereignis. Und nicht zu vergessen: die Leander! Kann die denn überhaupt Theater spielen? In Stockholm wollte man die Beantwortung dieser Frage *live* miterleben, sie nicht aus zweiter Hand vom Theaterkritiker geliefert bekommen. Eine bessere Werbung hätten sich Ekman und Zarah nicht wünschen können. Zarah war ihr Geld bereits wert, als sie die Hanna Glawari noch gar nicht spielte.

Die Proben begannen, und Zarah stellte fest, daß sie vom Theater nichts, aber auch gar nichts wußte. Sie hatte nie gelernt, wie man eine Rolle aufbaut, und es war niemand da, der es ihr erklärt hätte. Vor dem riesigen Bühnenraum graute ihr, schließlich hatte es noch nie zu ihrer Aufgabe gehört, ihn zur besseren Wirkung ihres Parts voll auszunutzen; ein paar Schritte hier, ein paar Schritte dort, und das immer schön im Rhythmus, mehr hatte sie bis dahin nie leisten müssen. Sie löste ihre Probleme im wesentlichen alleine, indem sie einfach ihrem Gefühl folgte. Trotzdem litt sie darunter, daß der Regisseur sich so wenig um sie und ihre Nöte kümmerte, denn sie war fest davon überzeugt, daß sie mit ein wenig mehr Unterstützung aus der Hanna Glawari wesentlich mehr hätte machen können.

Zarahs tiefe Stimme ließ sich nicht in die Partitur einordnen; Ekman und der Regisseur Jules Sylvain fuhren deshalb zu Franz Lehár nach Wien. Sie baten ihn, die Partie der Hanna um zwei Oktaven tiefer setzen zu dürfen. Lehár reagierte ungläubig und meinte: »Eine solche Stimme gibt es nicht, aber meinetwegen transponieren Sie, soviel Sie wollen, Herr Sylvain!« Aus der Sopran-Partie wurde ein Kontraalt.

Die *Lustige Witwe* wurde ein großer Erfolg, und Ekmans hoher Einsatz machte sich voll bezahlt. Die Ausstattung war so üppig, daß die fertige Produktion pro Vorstellung dreitausend Kronen kostete, also die Hälfte von Zarahs monatlicher Gage! Dennoch konnte Ekman mit dem Gewinn, den die *Lustige Witwe* einbrachte, sein Imperium fast ein ganzes Jahr lang ohne nennenswerte Engpässe unterhalten.

Noch während man vor immer ausverkauftem Haus die Lehár-Operette gab, begannen die Proben zu einem neuen Stück mit dem Titel *Eine japanische Tragödie*. Auch bei dieser Produktion trieb Ekman einen großen Aufwand: Das Beste war ihm gerade gut genug. Zarah sollte in diesem Stück ein japanisches Mädchen namens Butterblume spielen. Die Rolle war klein und eher zweitrangig. Aber nicht das war es, was Zarah an Butterblume störte, sondern die Tatsache, daß sie in einer Tragödie mitwirken sollte. Sie bat Ekman, die Rolle einer anderen zu geben, doch der bestand darauf, daß sie die Butterblume übernahm. Es störte ihn offenbar auch nicht, daß die große, alles andere als grazile Zarah in der Rolle einer zarten japanischen Blume schon in physischer Hinsicht eine Fehlbesetzung sein mußte. Die ersten Schwierigkeiten stellten sich bereits beim Probelesen ein: Wegen ihres aufdringlichen värmländischen Akzents wollte Regisseur Per Lindberg Zarah die Rolle nehmen. Zarah hätte an sich froh sein müssen, doch nun regte sich bei ihr der Stolz; so einfach wollte sie sich nicht von einer anderen verdrängen lassen, das wäre für sie eine bittere Niederlage gewesen. Sie klagte ihr Leid Gösta Ekman, und der ging den Text so lange mit ihr durch, bis sie ihn beinahe akzentfrei sprechen konnte. Schließlich gab sich der ihr ganz und gar nicht gewogene Lindberg zufrieden und ließ ihr die Rolle.

Ekman hatte vor, Zarah so zu schulen, daß sie einfach alles spielen könnte, doch Zarah zog nicht mit. Per Lindberg meinte dazu: »Er wollte Zarah Leander nicht nur zur Operettendiva, sondern auch zur Tragödin und Vollblutkomödiantin machen. Daß er diese Pläne nicht verwirklichen konnte, lag nicht an ihm, sondern daran, daß sie sich mehr für den finanziellen Erfolg als für den künstlerischen interessierte.«

Zarah Leander bekannte sich in ihrer Autobiographie zu diesem Vorwurf unumwunden schuldig, erklärte aber einschränkend, daß sie auch einfach einem natürlichen Selbsterhaltungstrieb gefolgt wäre: »Ich ahnte mit ziemlicher Sicherheit, wo meine Grenzen waren. Sich innerhalb dieser Grenzen zu bewegen war am sichersten. Außerdem: ich hatte nicht die geringste Lust, Tragödin zu werden, und ohne Lust ist unser Beruf eine sinnlose Qual, ohne Lust wird das Ergebnis nicht nur miserabel, sondern für das Publikum beleidigend.«

Nicht weniger wichtig, vielleicht sogar noch wichtiger als Gösta Ekman war für Zarah der Texter und Schauspieler Karl Gerhard. Ekman und Gerhard waren eng befreundet. Für die *Lustige Witwe* hatte Gerhard das Libretto ein wenig entstaubt. Von 1932 bis 1936 arbeiteten Zarah und Gerhard eng zusammen. Er war vernarrt in seine Arbeit, vor allem in seine Liedtexte, tat aber manchmal des Guten zuviel, weil er auf der Bühne seine Pointen oft zerredete. In Zarahs Augen war er dennoch ein guter Schauspieler, dessen Kunst darin bestand, mit seinen begrenzten Mitteln große Wirkung zu erzielen. Er machte aus der Not eine Tugend, und das meisterhaft. All diese Beobachtungen kann man ohne Einschränkungen auf Zarah übertragen, auch sie

Der Zenit war überschritten: Zarah Leander zu Beginn der fünfziger Jahre

setzte ihre Gaben so ökonomisch ein, daß die Wirkung den Einsatz bei weitem übertraf.

Gerhard sah sich als Lehrmeister und Veredler Zarahs, die ihm einen *Pygmalion*-Tick attestierte. Was sie könne, meinte sie viele Jahre später, verdanke sie hauptsächlich ihm, doch sein eigentliches Verdienst wäre es gewesen, daß er sie nie mit harter Hand geführt hätte, denn sonst hätte sie sich ihm ziemlich sicher entzogen. Die beiden hingen – nicht nur beruflich – ständig zusammen, doch Zarah betonte energisch, daß es sich um eine »unkörperliche« Freundschaft gehandelt habe.

Die Zusammenarbeit der beiden begann am 1. Januar 1932 mit der Revue *Tidens ansikte* (Das Gesicht der Zeit), ging weiter mit *Oss greker emellan* (Unter uns Griechen), *Kokottskolan* (Die Schule der Kokotten), *Mitt vängliga fönster* (Mein freundliches Fenster) und endete im Sommer 1936 mit *Köpmännen i Nordens Venedig* (Die Kaufleute im Venedig des Nordens). Damit war Karl Gerhard nur an einem der Erfolge, die Zarah von 1932 bis 1936 feierte, nicht beteiligt: an *En kvinna som vet vad hon vill* (Eine Frau, die weiß, was sie will). Diese Operettenkomödie von Oscar Straus war nicht nur ein Riesenerfolg, er machte Zarah auch zu einer Institution in Schweden, was daran zu erkennen ist, daß die Kritiker sie fortan nur noch mit ihrem Vornamen erwähnten. Zarah allein schien ihnen das Phänomen Zarah Leander hinreichend zu umschreiben.

Karl Gerhard, der als Geizkragen verschrien war, scheute keine Ausgaben, um Zarahs Schönheit noch wirkungsvoller herauszuheben. Während er bei anderen die Öre-Stücke zweimal umdrehte, ließ er Zarahs Kostüme bei Star-Couturiers anfertigen. Daß ein Kostüm dann schon mal neuntausend Kronen kosten konnte, schien ihm nichts auszumachen. Das klingt schon nach inniger Liebe, doch hatte Zarah einen handfesten Beweis für ihre Versicherung, daß es sich um eine »unkörperliche« Beziehung gehandelt habe: der Beweis hieß Vidar Forsell.

In der Zeit, als Zarah die Hanna Glawari spielte, bat sie eines Tages ein junger Mann um ein Interview. »Er war groß, hatte schöne, intensive Augen und war einer der bestaussehenden Männer, die mir bis dahin begegnet waren.« Er war der zweite Sohn des beinahe allmächtigen Theaterintendanten John Forsell, der Zarahs Gesang einst als zu laut empfunden hatte. Vidar Forsell war eigentlich der etatmäßige Gerichtsberichterstatter seiner Zeitung, doch an jenem Abend mußte er für den erkrankten Theaterkritiker einspringen. Er tat es mit spürbarem Widerwillen.

Bei ihrer ersten Verabredung geschah nichts, was an ein Interview erinnerte; Vidar Forsell meinte deshalb, sie nach der Vorstellung abholen zu müssen. Sie gingen in eine Prominentenbar namens *Embassy Club*. Forsell saß fast den ganzen Abend versunken da und sagte kaum ein Wort. Ganz plötzlich brach es aus ihm heraus: »Wollen Sie mich heiraten?«

»Sind Sie nicht ganz bei Trost? Ich kenne Sie ja überhaupt nicht.«

»Gut. Ich frage nicht noch einmal. Wundern Sie sich nicht über das, was geschieht.«

»Warum sollte ich? Was geht mich das an?«

Nach dieser Unterhaltung brach der Kontakt zwischen Zarah und Forsell für längere Zeit ab. In seiner Zeitung erschien kein Interview, und sie tat das Zusammentreffen mit ihm als eigenartige Episode mit einem »wunderlichen Menschen« ab.

Einige Wochen später stand Vidar Forsell plötzlich vor ihrer Garderobe im Konzerthaus. Er war kalkweiß im Gesicht.

»Was willst du hier?«

»Ich wollte dir vorschlagen, mit mir auszugehen.«

»Hier im Theater habe ich kein Kleid, das zum Frack paßt. Warum hast du überhaupt einen Frack an?«

»Es ist mein Hochzeitstag, ich habe gerade geheiratet ...!«

Ob er aus Verzweiflung oder aus Trotz so überstürzt geheiratet hat, ist unbekannt, seinem Versprechen, ihr nie wieder einen Heiratsantrag zu machen, blieb er jedenfalls trot-
zig treu. Schließlich war es Zarah, die *ihm* einen machte.
Die beiden heirateten im September 1932 und verbrachten
ihre Flitterwochen in Berlin. Vidar Forsell adoptierte Zarahs Kinder, gab seine Arbeit als Journalist auf und konzentrierte sich auf seine neue Aufgabe als Manager und Im-
presario seiner Frau. Da er durch seinen Vater die Theaterwelt sehr genau kennengelernt hatte, war er genau der
Richtige für diesen Job. Daß ihre Karriere auch finanziell
ein Erfolg wurde, hatte Zarah vor allem ihrem zweiten
Mann zu verdanken.

›Dantes Mysterien‹ und andere Bauchlandungen

Zarah Leander war 1931 bereits so bekannt, daß man die
Zugkraft ihres Namens auch für den schwedischen Film ge-
winnbringend nutzen wollte. Was auf der Bühne überzeugend wirkt, muß es aber im Film längst nicht sein, und das
gab den Filmmächtigen, die Zarah engagieren wollten,
einige Probleme auf. Dazu Zarah: »Die moderne Forderung nach Vernunft, gedanklich anregendem Inhalt und
›engagierter Mitteilung‹ hat das *Musical* geschaffen, wo
Gesangsnummern auf beinahe natürliche Weise in den
Handlungsablauf eingefügt sind. Held oder Heldin könn-

*Ob ihr deutsches Publikum Zarah in der Hexenrolle wohl akzeptiert
hätte? – ›Dantes Mysterien‹*

ten natürlich ebensogut sprechen, doch können sie von ihren Gefühlen so überwältigt werden, daß sie zu singen beginnen, das ist nicht unglaubwürdig. Sehr viel schwieriger ist dies alles im Film. Das Filmbild an sich ist ja schon realistisch (wie abstrakt das Motiv auch sein mag). Man muß also erst ein wenig überlegen, ehe man die Heldin singen läßt. Das Lied muß irgendeine Funktion haben, muß zu einem gewissen Grad motiviert sein – in dieser Hinsicht ähneln die Musik- und Gesangsfilme den Musicals.«

Zarahs schwedische Filmkarriere hatte eine unmittelbare Vorgeschichte: Im September 1930 hatte sie mit der Revue *Stockholm blir Stockholm* (Stockholm bleibt Stockholm) einen solchen Erfolg gehabt, daß die Presse die Herbstpremiere als »Zarah Leanders Abend« bejubelte. Zarah sang in dieser Revue die schwedische Version von *Ich bin von Kopf bis Fuß auf Liebe eingestellt, Det vore nåt för mig* (Das wäre was für mich), und *Stockholm blir Stockholm,* das Titellied. Zarah erklärte ihren Erfolg so: »Wenn man *einen* solchen Schlager in der Saison findet, ist man glücklich, hat man *drei* in ein und derselben Revue, ist man ein Erfolg.«

Zarah datierte deshalb ihren eigentlichen Durchbruch auf den 1. September 1930, den Premierentag von *Stockholm bleibt Stockholm.* Die Presse erkor sie zur »Frau des Tages«, und dieser Titel, so meinte sie, machte Vilhelm Bryde, den Produktionschef der *Svensk Filmindustri,* auf sie aufmerksam.

Bryde rief sie an und fragte, ob sie Lust hätte, am nächsten Tag mit ihm zu lunchen.

»Ich lunche eigentlich nie. Handelt es sich um etwas Wichtiges?«

»Ich glaube schon.«

Also trafen sie sich tags darauf bei *Cecil,* wo Bryde ihr eine Rolle in dem Film *Dantes mysterier* (Dantes Mysterien) anbot: »Sie sollen darin eine junge, schöne Hexe darstellen, die Dante hervorzaubert. Sie haben auf einem Besenstiel zu reiten und dabei einen Schlager zu singen. Das werden Sie schon hinkriegen, ich zahle auch gut.«

Mit Dante war dabei nicht der Nationaldichter Italiens gemeint, sondern der dänische Zauberkünstler Harry Jansen, der in jenem Herbst in Stockholm in aller Munde war.

Der Winter stand ins Haus, Zarahs Kinder brauchten warme Kleidung, und sie selbst einen neuen Wintermantel. Mit dieser Überlegung war die Entscheidung schon gefallen, auch wenn Zarah wußte, daß sie mit diesem Film keine Lorbeeren ernten würde. Sie hoffte, für ihr Engagement tausend Kronen zu bekommen. Dabei hatte sie aber nicht bedacht, daß der Klatsch sich hie und da auch mal zum Wohl seines Objekts auswirken kann. Bryde war nämlich über die knallharte Verhandlungstaktik, die sie bei Ekman angewandt hatte, bestens informiert. Er erklärte ihr, daß er sie für zehn Tage brauche, allerdings würde er ihr keine Krone mehr geben als sie bei Ekman bekäme, also nicht mehr als tausend pro Tag. Zarah war erst perplex, dann kapierte sie, daß via Gerüchteküche aus den zweihundert Kronen, die sie bei Ekman täglich verdiente, tausend geworden waren. Unter diesen Umständen verspürte sie keine Lust, die Sache richtigzustellen. Solch glänzende Bedingungen machten es ihr leicht, schon im Sommer 1931 ihren nächsten Filmvertrag zu unterzeichnen. Für *Falska millionären* (Der falsche Millionär) bekam sie sogar noch mehr Geld. Ihre Rolle in diesem Film war ein wenig bedeutender als die, die sie in ihrem Erstling gespielt hatte, doch ihre schauspielerische Leistung war keinen Deut besser. Zarah Leander selbst sah das nicht anders. *Der falsche Millionär* spielt in zwei verschiedenen Milieus, mal in der Welt des schillernden Luxus, mal unter Vagabunden. Es handelt sich um eine Verwechslungskomödie, in der sich alles um die Liebe dreht, bis hin zum lieben Geld. Zarah verkörperte zum ersten Mal den Typ »mondäner Vamp«. Mehr Bemerkenswertes ist über diesen Film nicht zu berichten.

Nach *Der falsche Millionär* hielt Zarah ihre Filmkarriere für beendet. Da sie ihre miserable Schauspielkunst realistisch einschätzte, konnte sie darüber weder enttäuscht noch erstaunt sein. Erstaunt war sie jedoch, als man ihr vier Jahre später erneut eine Rolle anbot. *Äktenskapsleken* (Ehereigen/Skandal) sollte der Titel des neuen Films sein. Das Drehbuch stammte von Karl Gerhard und war eine Auftragsarbeit für Lorens Marmstedt, der früher Filmkritiker gewesen war und sich nun als Produzent ver-

In keinem deutschen Film hat sie je so kokett in den Spiegel gelächelt –
›Der falsche Millionär‹

›Der falsche Millionär‹: Zarah in der Rolle der Marguerite

suchte. Da Zarah Leander und Karl Gerhard damals im fünften Jahr ihrer sehr ertragreichen Zusammenarbeit standen, war anzunehmen, daß das Endergebnis diesmal nicht ganz so mißlingen würde wie die beiden Vorgänger.
Zarah spielte in diesem Film zwar eine erfolgreiche Bildhauerin, doch durfte sie im wesentlichen sich selbst spielen. Damit war das Konzept, nach dem all ihre Ufa-Filme aufgebaut waren, bereits vorweggenommen, es fehlte nur noch die nötige Perfektion.
In Ragnar Hyltén-Cavallius fand sie einen Regisseur, der ihr jede denkbare Hilfestellung gab. Er war schon lange in der Filmbranche tätig und hatte deshalb die Erfahrung,

der es bedurfte, um einen Bühnenstar auf der Leinwand richtig in Szene zu setzen. Was er ihr beibrachte, sollte sie bei der Ufa gut gebrauchen können. Karl Gerhard fühlte sich wegen der engen Zusammenarbeit Hyltén-Cavallius' mit Zarah ins Abseits gedrängt, es kam häufig zu Eifersüchteleien, die meist von Gerhard ausgingen, der sich zu seinem großen Ärger auch noch Eingriffe des Regisseurs in sein Drehbuch gefallen lassen mußte.

Hyltén-Cavallius machte Gerhard später den schweren Vorwurf, daß er Zarahs Talent hätte verkommen lassen. Zarah enthielt sich dazu zeit ihres Lebens jeden Kommentars. Partei zu ergreifen war nicht immer ihre Sache; solange sie persönlich keinen Schaden litt, schlängelte sie sich durch. Nur selten in ihrem Leben ist sie für jemand anderen als sich selbst entschieden eingetreten. In diesem Fall reichte es, daß die Zusammenarbeit mit »diesem liebenswürdigen und eleganten Gentleman« sehr angenehm war, und Hyltén-Cavallius sie offenbar sehr schätzte. Zu Beginn ihrer Zusammenarbeit schien er erhebliche Zweifel an ihrer Eignung für den Film zu haben, doch Zarah wußte ihn richtig zu nehmen: »Zarah entwaffnete mich auf der Stelle mit zwei offenherzigen Äußerungen: ›Schauen Sie mich doch an‹, sagte sie mit ihrer schönen tiefen Altstimme, ›sehe ich nicht aus wie eine Riesendame, die sich am liebsten in ein Mauseloch verkriechen möchte?‹ und ›Im Vertrauen gesagt, bin ich nur eine hochgespielte Revueprimadonna, die nichts kann. Sie müssen mir erst alles beibringen!‹ Ich fand Zarah bezaubernd, sowohl was ihr Ex- als auch was ihr Interieur betraf, reell, kameradschaftlich und voller Humor und Selbstironie, und wir machten uns also daran, ihre Filmrolle zu zweit im voraus einzustudieren. Und es stellte sich heraus, daß sie begabt und formbar war wie Wachs – es war ein Vergnügen, mit diesem ein wenig vernachlässigten, aber ursprünglichen Talent zu arbeiten.«

Zarah spielt in *Ehereigen* die erfolgreiche Bildhauerin Tora

Didikeen. Ihr Mann Gunnar (Einar Axelson) ist ebenfalls Bildhauer, steht aber im Schatten seiner Frau, aus dem er mit allen Mitteln versucht herauszutreten. Das führt zu ständigen Spannungen und Unstimmigkeiten in ihrer Ehe, die noch stärker werden, als sich Gunnar einzubilden beginnt, daß Tora ihn betrügt. Anlaß für diesen Verdacht ist Toras Teilnahme an einem Wettbewerb, für den sie eine nackte Männerfigur modelliert. Sie will die Skulptur so naturgetreu wie möglich machen und sieht sich deshalb nach geeigneten männlichen Modellen um. Bei soviel künstlerischer Libertinage macht Gunnar nicht mit. Er legt Tora eine Szene nach der anderen hin, und die Ehe droht zu scheitern. Wie nicht anders zu erwarten, entschärft Tora durch die Aufgabe ihres Projekts den Konflikt. Sie hat genauso reagiert, wie man es von einer liebenden Frau erwarten darf. Happy-End nennt man so etwas.

Ehereigen wurde kein Erfolg. Zarah versuchte 1935 in einem Interview mit der Zeitschrift *Scenen* sich und den Film zu rechtfertigen: »Etwas an diesem Film ... scheinen die Kritiker übersehen zu haben, nämlich daß der ganze Film ein Versuch, sozusagen ein Erstlingswerk war. Karl Gerhard hat nie zuvor ein Drehbuch geschrieben (ausgenommen *Hennes lilla majestät),* und abgesehen von meiner kleinen Rolle im Film *Falska millionären* vor ein paar Jahren – worin ich nebenbei mit Pauken und Trompeten durchgefallen bin – war diese Rolle für mich tatsächlich ein reines Filmdebüt. [Zarah macht an dieser Stelle in ihren Memoiren die Anmerkung, daß sie ihre Hexenrolle in *Dantes Mysterien* offenbar unterbewußt vergessen wollte.] Erst soll man mich doch fünf Filme machen lassen, dann mag man mit strengen Maßstäben kommen! Der Unterschied zwischen Revue und Film ist größer, als ein Laie glaubt.«

Zarah war 1935 noch weit davon entfernt, eine Leinwandpersönlichkeit zu sein. Wäre sie kein Bühnenstar gewesen, hätte man ihr vermutlich nie die Möglichkeit gegeben, einen Film zu drehen, denn Schweden hatte auch damals

Skandal/Ehereigen

wahrhaftig begabtere Schauspielerinnen zu bieten. Daß
sie für mindestens fünf Filme Schonfrist verlangte, klang
angesichts ihrer Leistungen in ihren ersten drei Filmen
schon beinahe unverschämt, war aber nur so dahingesagt,
denn für sie war das Kapitel Film schon endgültig abgeschlossen. Hätte ihr 1935 jemand vorhergesagt, daß sie
kurz davor stehe, die Bühne für zweiundzwanzig Jahre zu
verlassen, um sich ausschließlich auf ihre Filmkarriere zu
konzentrieren, hätte sie das sicher als bloße Spinnerei ab-
getan.

Zwischen *Ehereigen* und ihrem ersten Ufa-Film lagen lediglich zwei Jahre – und eine ganze Welt. Das Bindeglied
zwischen der Theater- und der Filmarbeit war Wien, keine
Himmelstür zwar, aber das Tor zum großen Ruhm.

›Axel an der Himmelstür‹

Zarah war mittlerweile ein fest etablierter Star, den man sich nicht mehr von der Stockholmer Theaterszene wegdenken konnte. Sie hätte sich damals darauf beschränken können, das Erreichte zu erhalten und zu genießen. Doch Zarah war nicht der Typ, der sich auf seinen Lorbeeren ausruhte; dafür steckten viel zuviel Ehrgeiz und Energie in ihr. In Stockholm hätte sie nicht weiter nach oben kommen können, denn die oberste Sprosse der Erfolgsleiter hatte sie bereits erklommen. Der nun zu erwartende Stillstand bedrückte sie. Die Aussicht, mit noch nicht einmal dreißig Jahren keine Herausforderungen mehr vor sich zu haben, war für sie ganz und gar unbefriedigend: »Jetzt habe ich in einem Dutzend Revuen, Operetten und Lustspielen gespielt. Ich hatte dies und das und jenes gesungen. Soll es bis in alle Ewigkeit so weitergehen? Muß ich immer auf Liebe eingestellt sein, eine Madame Pompadour? Soll ich bis zu meinem Tode wiederkäuen, daß jede Frau ein Rätsel, das ganze Leben eine heitere Operette, die Liebe jeden Tag neu ist? Das ist ja gar nicht wahr! Die Liebe ist durchaus nicht wie dunkelroter Burgunder, außer in ihren schönsten Augenblicken. Sie ist wie Magermilch, die man täglich trinkt. Um nicht dick zu werden. Für die Liebe. Oder für's Theater. Und das Theater? Nach sieben Jahren schmeckt es wie zum siebentenmal aus dem gleichen Satz aufgebrühter Kaffee!« Sie brach in hoffnungsloses Weinen aus, das der Ausdruck ihrer ganzen Hilflosigkeit war. Sie wußte, daß sie unbedingt etwas Neues machen wollte, Tapetenwechsel brauchte, doch es war absolut nichts in Sicht, was ihre Lage entscheidend hätte verändern können.

Im Sommer 1936 gastierte das *Nya Folkan*-Theater mit *Die Kaufleute im Venedig des Nordens* in Kopenhagen. Zarah genoß den Ortswechsel und war guter Dinge. Eines Abends war sie mit ihrem Mann und Karl Gerhard bei einem Bühnenverleger zum Essen eingeladen. Kaum war die Vorspeise serviert, da kam für Zarah ein Gespräch aus Karlsbad. Max Hansen war am Apparat.

»Guten Tag, Zarah, kannst du deutsch sprechen?«

»Doch, kann ich. Wieso?«

»Also dann sprechen wir deutsch, ein bißchen.«

»Bitte schön, was ist los?«

»Möchtest du in Wien mit mir im Herbst eine Rolle in einer neuen Operette von Ralph Benatzky spielen, *Axel an der Himmelstür*«?

»Was für ein Axel?«

»Die Operette heißt so: *Axel an der Himmelstür*. Hast du Lust?«

»Jaa«.

»Gut. Kannst du im August hier nach Karlsbad zu den Proben kommen?«

»Ich komme.«

Max Hansen war Däne, arbeitete aber schon seit Jahren in Deutschland. Zarah und er waren gute Freunde. Da sie sowieso nach etwas Neuem suchte und das Angebot von Max Hansen kam, mußte sie nicht lange überlegen. Dieser überaus hilfsbereite, kollegiale Mann, dessen war sich Zarah sicher, würde ihr über alle Klippen hinweghelfen.

Karl Gerhard hielt ihre Zusage für eine Dummheit: »Du hast mit Max nicht länger als drei Minuten telefoniert. Du weißt nichts über das Stück. Du weißt nichts über die Rolle. Habt ihr über die Gage gesprochen? Wie kann man bloß!« Natürlich dachte Gerhard bei dieser Tirade vor allem an seinen eigenen Verlust, denn mit Zarah würde er sein bestes Pferd im Stall verlieren. Als Zarah gestand, daß sie nicht über die Höhe der Gage gesprochen hatten, fing auch noch ihr Mann zu toben an. Letztendlich siegte jedoch die Überzeugung, daß Zarah – Gage hin oder her – nichts Besseres passieren konnte, als Ralph Benatzky und Max Hansen, auch wenn es sehr riskant war, am Telefon für eine deutschsprachige Produktion zuzusagen.

Wenige Wochen später fuhr Zarah nach Karlsbad, um sich Benatzky, Paul Morgan (dem Autor und Regisseur) sowie dem Chef des *Theaters an der Wien*, Arthur Hellmer, vorzustellen. Die drei staunten nicht schlecht, als sie sie sahen. Ralph Benatzky hatte die Musik zum *Weißen Rößl* geschrieben. Er war schon Mitte der dreißiger Jahre einer der bekanntesten Filmmusik-Komponisten im deutschsprachigen Raum. Er war es, der kurze Zeit später mit *Ich steh' im Regen* und *Yes, Sir* Lieder für Zarah schrieb, die untrennbar mit ihrer Stimme verbunden sind. Bei ihrem ersten Zusammentreffen in Karlsbad bat er Zarah, die Lieder, die er für sie geschrieben hatte, einmal durchzusingen. Es waren typisch wienerische Lieder mit dem typisch wienerischen Schmalz. Für Zarah waren sie so oder so nicht das Richtige:

»Die kann ich leider nicht singen.«

»Können Sie wenigstens Noten lesen?«

»Das schon, aber diese Lieder kann ich trotzdem nicht singen.«

»Was haben Sie denn für eine Stimme? Ich setze mich an den Flügel, und Sie singen die Tonleiter.«

Zarah begann zu singen, brach aber plötzlich ab: »Höher kann ich nicht mehr, dafür aber tiefer, viel tiefer, bis zum Baßbereich.« Benatzky knallte verblüfft den Deckel des Flügels zu und meinte: »Ich werde erst einmal nach Hause gehen und völlig neue Lieder schreiben, ganz speziell für Sie, denn Sie sind der erste Kontraalt, dem ich in meinem Leben begegnet bin.« Daß er »Kontraalt« sagte und nicht »Baß«, hat ihm die aufrichtige Zuneigung Zarahs eingetragen, denn sie haßte nichts mehr als die – falsche – Behauptung, daß sie einen Frauenbaß habe.

In finanzieller Hinsicht war *Axel an der Himmelstür* zumindest für Zarah von vornherein ein Fiasko. Da Vidar Forsell sie bei ihrem Antrittsbesuch nicht begleitet hatte, führte sie die Verhandlungen über die Höhe ihrer Gage selbst. Die Tatsache, daß sie schließlich nur vierundsechzig

Schilling pro Tag erhielt, läßt darauf schließen, daß sie sich nicht besonders geschickt dabei angestellt hat. Vierundsechzig Schilling entsprachen damals etwa zweiunddreißig Reichsmark! Die Theaterleitung begründete ihr niedriges Angebot mit dem hohen Risiko, das mit Zarahs Engagement verbunden sei, denn schließlich sei sie in Österreich völlig unbekannt.

Das *Theater an der Wien* gilt als eine der geschichtsträchtigsten Bühnen Österreichs. 1805 hatte Ludwig van Beethoven in diesem Haus seine einzige Oper *Fidelio* zur Uraufführung gebracht und exakt hundert Jahre später Franz Lehár seine *Lustige Witwe*. Das Theater an der Wien hatte also mit jeder neuen Inszenierung seinen guten Ruf aufs Neue zu rechtfertigen.

Für achtzehn Schilling pro Tag mietete sich Zarah mit ihrem Mann das obere Stockwerk einer Villa in Grinzing. Da die Außenwände mit zahlreichen großflächigen Fenstern durchbrochen waren, nannte Zarah ihre Wiener Bleibe ihre »Grinzinger Glasveranda«.

Die sechsundvierzig Schilling, die den beiden nach Abzug der Miete noch blieben, wurden streng nach Plan ausgegeben. Sie aßen so billig wie möglich, und wenn ihnen ein paar Schillinge übrigblieben, gaben sie sie für Benzin aus und unternahmen mit ihrem noblen La Salle Ausfahrten in die Umgebung Wiens. Einen längeren Ausflug konnten sie sich nur leisten, wenn sie dafür ein paar Mahlzeiten ausfallen ließen. An Kleidung besaßen sie – so behauptete zumindest Zarah – nur das, was sie am Leib hatten. Eines Tages erhielten sie eine Einladung für einen Herbstball. Gastgeber war Richard Tauber, der damals einer der besten Tenöre Europas und ein überaus beliebter Zeitgenosse war. Auf der Einladungskarte wurde um Galatoilette gebeten. Zarah und Vidar waren in größter Verlegenheit. Für ein solches Ereignis hatten sie einfach nicht die passende Garderobe. Sie überlegten sich, ob sie nicht zu einem Kostümverleih gehen sollten, doch es stellte sich

Zarah mit Ehemann Nummer zwei Vidar Forsell

heraus, daß sie nicht einmal dafür das nötige Geld hatten. Also rief Zarah bei Richard Tauber an und erklärte dessen Sekretär: »Mein Name ist Zarah Leander. Herr Tauber hat meinen Mann und mich freundlicherweise zu seinem Ball eingeladen. Leider können wir nicht kommen, denn wir haben keine Abendgarderobe.«

Was Zarah zum Thema »Wiener Geldnot« in ihrer Autobiographie zum besten gab, ist mit aller Vorsicht zu genießen. Selbst wenn ihre Gage für den *Axel* so niedrig war, wie sie behauptet, so war sie doch nicht als Habenichts an die Donau gekommen. Schon ihr luxuriöses Gefährt zeigt, daß sich ihr Ruhm in Schweden finanziell angenehm bemerkbar gemacht hatte. Man darf also vermuten, daß die beiden von Rücklagen lebten und niemals wirklich darben mußten in ihrer Grinzinger Glasveranda. Zarahs Flunkerei läßt sich ganz einfach mit der Einbildung mancher Wohlhabenden erklären, daß Armut von einem Hauch Romantik umgeben sei.

Natürlich brachte der Grund ihrer Absage Zarah schnell in aller Munde. Wien hatte seine Anekdote über den schwedischen Star, und wer die Wiener ein bißchen kennt, der weiß, daß das schon die halbe Miete für einen Neuankömmling ist.

Bei den Proben machte Zarah alles andere als einen sensationellen Eindruck. Deutsch als Bühnensprache bereitete ihr unerwartet große Schwierigkeiten, zudem legte sie eine demonstrative Unlust an intensiven Proben an den Tag. Während ihrer Zusammenarbeit mit Karl Gerhard hatte sie sich die Untugend angewöhnt, bei den Proben lediglich zu »markieren«, anstatt sich wirklich einzusetzen. Sie begründete dies damit, daß sie sich die »Frische eines Liedes, eines Textes stets aufsparen« wollte, bis sie vor ihrem Publikum stand. Ihre Kollegen trieb sie damit zur Verzweiflung; darüber hinaus wirkte sie dadurch divenhaft, arrogant und – das Schlimmste, was man über die menschlichen Qualitäten eines Schauspielers sagen konnte – unkollegial. Sie verlor immer mehr an Sympathien, und manches Ensemblemitglied sah unter diesen Umständen verständlicherweise eine Katastrophe voraus. Die Theaterleitung begann sie zu verwünschen: »Hat denn diese verschrobene Schwedin, die hier in Hausschuhen und Männerkleidung – Marlene aus Karlstad, bei Gott! – und dunkler Brille umherhatscht, nicht mehr zu bieten? Was hast du uns denn da angedreht, Max? Das gibt doch eine Katastrophe, einen entsetzlichen Reinfall!«

Max Hansen fühlte sich für Zarahs Verpflichtung voll verantwortlich und rief sie deshalb am Abend vor der ersten öffentlichen Probe an: »Zarah, was jetzt kommt, ist gemein, aber ich muß es dir sagen! Ich habe stundenlang mit Dr. Benatzky und Direktor Hellmer zusammengehockt und geredet, und wir sind uns einig. Wir riskieren lieber einen Skandal mit einem Vertragsbruch als einen Durchfall bei der Premiere. Wenn du dich morgen nicht ins Zeug legst und richtig auf die Tube drückst, fliegst du. Wir haben eine Tschechin, Lily von Hatvany, die hat die ganze Zeit über in den Kulissen gestanden. Sie ist bereit einzuspringen. Zarah ... heute mußt du es ihnen zeigen!«

Zarah wurde schlagartig klar, daß sie sich bis dahin völlig falsch verhalten hatte. In Wien war sie eben nicht der Star, hier mußte sie erst beweisen, daß sie diesen Status in Schweden zu Recht innehatte.

Daß die Gloria Mills in *Axel an der Himmelstür* niemand anderem als Greta Garbo nachempfunden war, hatte sie längst begriffen. Damit wußte sie auch, wie sie sich auf der Bühne zu bewegen hatte und was man von ihr erwartete. Von der ersten öffentlichen Probe an spielte sie dieses Wissen voll aus. Doch erst einmal sorgte sie für die richtige Maskerade: »Zum ersten Mal trat ich in voller Kriegsausrüstung auf mit einem Dekolleté bis unterhalb des Nabels, mit flammender Mähne und grüner Schminke – dick wie Senf – auf den Lidern. Marlene aus Karlstad hatte eine Metamorphose erfahren, deren sich Ovid nicht hätte zu schämen brauchen. Mit weitausholenden Schritten trat ich an die Rampe und sang aus voller Kehle ... *Ich bin ein Star, ein großer Star mit allen Launen!*« Das Ensemble konnte die Verwandlung zunächst gar nicht fassen, und die geladenen Hauptproben-Gäste waren von dieser Schönheit mit dem feuerroten Haar hingerissen. Es versteht sich von selbst, daß nach dieser Hauptprobe auch die letzten Unkenrufe verstummten.

Die Handlung von *Axel an der Himmelstür* läßt sich in wenigen Worten zusammenfassen: Schauplatz ist Hollywood. Ein Reporter (Max Hansen) versucht, die Filmdiva Gloria Mills zu einem Interview zu überreden, wird aber hartherzig abgewiesen. Daraufhin verkleidet sich der Reporter als Greis und versucht, als Komparse an sie heranzukommen. Er stellt sich in seiner Greisenrolle so unglücklich an, daß die Diva die Geduld verliert und ihn vor die Türe setzen läßt. Da plötzlich regt sich Mitleid in der scheinbar so harten Frau. Sie bereut ihr Verhalten und lädt den Greis als Wiedergutmachung zum Essen ein. Zu dem Essen erscheint der Reporter wieder in seiner eigenen, jugendlichen Gestalt. Sie will ihn wieder rauswerfen, doch sein Charme besiegt ihre Kälte. Es kommt zum unvermeidlichen Happy-End.

Diese Handlung allein hätte *Axel an der Himmelstür* sicherlich nicht zu dem Erfolgsstück gemacht, das es schließlich wurde. Der große Erfolg war hauptsächlich den eingängigen Melodien, dem sprühenden Max Hansen und nicht zuletzt der sagenhaften Zarah Leander zu verdanken. Alles, was in Wien Rang und Namen hatte, war bei der »Welturaufführung« anwesend, Bundeskanzler Kurt von Schuschnigg machte da keine Ausnahme. Die Kritiken waren durch die Bank gut bis euphorisch. Von ihrer Stimme schwärmte man nicht weniger als von ihrer Schönheit, und ihr Triumph sprach sich auch im fernen Schweden herum. In *Stockholms Tidningen* stand zu lesen: »Zarah erobert die Wiener im Sturm ... Eine so wilde Begeisterung hat man seit den Tagen der klassischen Operette nicht mehr erlebt.«

Schwerer als all die guten Kritiken wog für Zarah jedoch das Lob Max Hansens, ihres Partners, der den unübersehbaren Größenunterschied mit so viel Humor nahm: »Zarah sang mit einer Stimme, die bis in den hintersten Winkel des Zuschauerraums drang. Ich stand in der Kulisse und beobachtete sie und das Publikum. Die Menschen horchten auf, setzten sich kerzengerade in ihren Sesseln zurecht. Was war denn das? Eine Primadonna, die kein Sopran war, nicht einmal ein Alt? Die ersten fünf Minuten waren ein einziges allgemeines Abwarten, aber allmählich begann man, miteinander zu flüstern, zu nicken und vielsagende Blicke auszutauschen. Bald hatte Zarah ihr Publikum völlig besiegt – man begriff, daß dies etwas Ungewöhnliches und Wertvolles war, und vor allem, daß dort eine Künstlerin auf der Bühne stand.«

Zarah hatte sich damit für Größeres bewährt.

›Premiere‹

Ich bin ein Star. Ein großer Star mit allen Launen
so heißt das Urteil, meine Herrn, ist das nicht wahr?
Das ist ein Irrtum, meine Herrn, wozu das Staunen,
was hab ich schon soviel davon, daß ich ein Star?
Ein Kinostar, die Sehnsucht Tausender Mädchen.
Kinostar, Idol der heutigen Zeit. Meterhoch
verkünden die kleinsten Städtchen deinen Ruhm,
deine Schönheit, deine Unvergleichbarkeit.
Kinostar, du Abgott dieses Jahrhunderts!
Jeder wünscht, an deiner Stelle zu sein.
Doch das grelle Scheinwerferlicht
verbirgt der Welt mein wahres Gesicht.
Im Grunde meines Herzens bin ich allein.

Dieser Text entstand zwar mit einem Seitenblick auf die
»Göttliche«, doch sollte er schon bald ebensogut auf Zarah
Leander passen. Er erfaßt alles, was Zarah in den folgen-
den sieben Jahren erleben sollte.
Der sagenhafte Erfolg am *Theater an der Wien* brachte
Zarah ihr erstes Filmengagement im deutschsprachigen
Raum ein. Die Wiener *Gloria*-Filmgesellschaft nahm sie
für einen Film mit dem Titel *Premiere* unter Vertrag. Vidar
Forsell war von Zarahs Mitwirken in einer österreichi-
schen Produktion gar nicht begeistert, denn die Filmindustrie der kleinen Alpenrepublik war weder bedeutend noch
übermäßig zahlungskräftig. Trotzdem wollte Zarah diesen
Film unbedingt machen. Wie so oft konnte sie auch diesmal
eine Entscheidung nicht rational begründen, sie verließ
sich einfach auf ihren Instinkt, der sie bis dahin noch nie in
eine falsche Richtung gelotst hatte. Das einzig wirklich Ver-
lockende an ihrem Vertrag mit der *Gloria* war die Zusatz-
klausel, die ihr und ihrem Mann für die Dauer der Dreharbeiten ein Luxusappartement in dem Wiener Renommier-
hotel *Imperial* zusicherte – natürlich auf Kosten der Filmgesellschaft.

Zarah in ihrem ersten deutschsprachigen Film: ›Premiere‹

Premiere spielt im Theatermilieu. Während der Premiere
einer großen Revue wird ein reicher, aber durch und durch
unsympathischer Mann in seiner Theaterloge von der
Bühne aus erschossen. Trotz des schockierenden Zwi-

schenfalls wird die Revue fortgesetzt. Gleichzeitig laufen die Ermittlungen der Kriminalpolizei. Die zentrale Frage lautet natürlich: Wer ist der Mörder? Etwa die Diva (Zarah), die gerade von dem reichen Unsympathen, der zugleich der Sponsor des Theaters war, die Kündigung erhalten hatte? Oder vielleicht der Direktor, dem in seiner prekären finanziellen Lage auch noch der Kredit gesperrt wurde? In Frage kam aber auch der erste Liebhaber (Theo Lingen), der den Mord aus Eifersucht begangen haben konnte. Der Kommissar folgt lange Zeit absichtlich falsch gelegten Spuren, er schafft es aber dennoch, mit dem Schluß der Vorstellung auch den Täter zu präsentieren.

Premiere ist ein überaus großzügig ausgestatteter Revuefilm, der in manchen Einstellungen eine faszinierende Wirkung ausübt, vor allem dann, wenn Zarah – zum ersten Mal – ihre enorme Leinwandpräsenz voll entfaltet. Sie wirkte noch nicht so professionell und perfekt wie in ihren späteren Filmen, doch ihre Anlagen wurden bereits deutlich erkennbar. *Premiere* lockte die Leute in Scharen ins Kino, sicherlich ein Verdienst Zarahs: »Wenn sie singt, wird es im Kino mucksmäuschenstill. Wenn sie verhört wird, halten die Menschen den Atem an. Sie alle spüren, das ist mehr als eine Schauspielerin, das ist ein ganzer Mensch, das ist eine Frau, die lebt, die atmet, die Gefühle, die Leidenschaft hat ...«

Dem Film war an sich nur anzukreiden, daß die Beleuchtung und manche Kameraeinstellungen Zarah sehr ungünstig trafen. Auch ihre Kostüme waren nicht sehr geschickt gewählt, denn in einigen Einstellungen war ihre Rundlichkeit zu deutlich zu erkennen, stellenweise wirkte sie geradezu plump. Mit etwas Raffinesse ließen sich diese Schwächen beseitigen, das war den Verantwortlichen bei der Ufa und auch bei anderen Filmstudios klar: In dieser Schwedin steckten alle Qualitäten, die ein Star aufweisen mußte; sie war »Starmaterial«. Die Wiener Filmgesellschaft konnte die von vielen Seiten umworbene Zarah nicht halten. Wien war für Zarah nur eine Zwischenstation auf der Fahrt nach Berlin, wo sie ihre größten Triumphe feiern sollte.

Nachdem Marlene Dietrich aus tiefer Abneigung gegen die Nationalsozialisten Deutschland endgültig den Rücken gekehrt hatte, suchte die Ufa – damals die bedeutendste Filmgesellschaft in Europa – dringend einen neuen Star. Die Kunde von der sagenhaften Schwedin am *Theater an der Wien* gelangte schnell in die Berliner Filmkreise. Der erste, der sich Zarah in Wien anschaute, war Carl Froelich, einer der angesehensten deutschen Filmregisseure. Nach der Vorstellung unterhielt er sich mit Zarah, aber Definitives ergab sich aus diesem Gespräch noch nicht. Zarah signalisierte ihm allerdings, daß sie grundsätzlich nichts gegen eine Zusammenarbeit mit der Ufa habe.

Der nächste Begutachter war der damals zweiunddreißig-

Zarah Leander und Karl Martell in ›Premiere‹

›Premiere‹

jährige Hans Weidemann, seines Zeichens Vizepräsident
der Reichsfilmkammer. Er war für die gesamte deutsche
Filmproduktion verantwortlich, folglich wog sein Eindruck wesentlich schwerer als der Froelichs. Weidemann
gefiel, was er sah, und er wurde viel konkreter als Froelich.
Er handelte mit Zarah die Rahmenbedingungen aus, die
für die kommenden Verhandlungen die Grundlage bilden
sollten. Weidemann kehrte nach Berlin zurück und erteilte
dem Produktionschef der Ufa, Ernst Hugo Corell, die Ge-
nehmigung, die Schwedin für zwei Jahre unter Vertrag zu
nehmen. In diesen zwei Jahren, 1937 und 1938, mußte sie

›Premiere‹

in drei Filmen mitwirken, die Drehbücher durfte sie sich selbst aussuchen. Für diese zwei Jahre sollte Zarah zweihunderttausend Reichsmark bekommen, davon waren dreiundfünfzig Prozent in schwedischen Kronen direkt ihrer Stockholmer Bank zu überweisen. Nach Ablauf der zwei Jahre konnten die beiden Parteien um ein Jahr verlängern; die Gage sollte dann jedesmal neu ausgehandelt werden.

Hollywood soll ihr ein erheblich lukrativeres Angebot gemacht haben als die Ufa, auch englische Produktionsfirmen lockten sie mit hohen Summen. Daß Zarah trotz der besseren Verdienstmöglichkeiten in den USA und Großbritannien zur Ufa ging, hatte mehrere Gründe: Zum einen sprach sie nicht besonders gut Englisch, zum anderen wäre sie in Hollywood eine unter vielen gewesen. Außerdem hätte sie erst einmal fünfzehn bis zwanzig Pfund abnehmen müssen, um wenigstens den Anforderungen an das äußere Erscheinungsbild gerecht zu werden, vom Rest ganz zu schweigen. Die englische Filmgesellschaft ließ nach den Probeaufnahmen, die Zarah bei ihr gemacht hatte, überhaupt nichts mehr von sich hören, auf andere Angebote aus England ging Zarah dann gar nicht mehr ernsthaft ein. Für die Ufa sprach vor allem die Nähe zu Schweden, denn Zarah wollte ihre Familie nicht mit nach Deutschland nehmen und deshalb jede längere Drehpause für einen Flug nach Hause nutzen. Berlin – Stockholm war eben wesentlich leichter zu bewältigen als Los Angeles – Stockholm.

Im Grunde genommen klingen Zarahs Gründe, die sie nach Berlin führten, ganz plausibel, andererseits wird ihnen angesichts der politischen Situation in Nazi-Deutschland immer der Geruch von Gewissenlosigkeit anhaften. Schließlich verpflichtete sie sich mit der Unterzeichnung des Vertrags einem Regime, das z. B. den von ihr so verehrten Max Hansen aus »rassischen Gründen« kaltstellte, ebenso den Textdichter Hans Weigel und den Verfasser von *Axel an der Himmelstür,* Paul Morgan. Natürlich könnte man an dieser Stelle noch andere Namen nennen, doch die waren vermutlich für die Schwedin wirklich bloße Namen. Die drei Genannten jedoch kannte sie, zum Teil sogar sehr gut. Kaum hatten ihr diese drei zu einem triumphalen Einzug in den deutschen Sprachraum verholfen, beging sie an ihnen einen menschlichen, aber auch einen politischen Verrat. Mit Unwissenheit oder einer unpolitischen Grundeinstellung ist das nicht zu entschuldigen, jedenfalls nicht glaubhaft. Immerhin gab es die Nürnberger Rassegesetze seit September 1935, und was sie bedeuteten, das machten die Nationalsozialisten immer wieder und überall ohne jede Zurückhaltung oder Verschleierung ihrer wahren Ziele deutlich. Wer seine Augen und Ohren nicht absichtlich verschloß, der wußte 1936 schon längst, daß die Zusammenarbeit, und sei sie noch so mittelbar, mit dem Hitlerregime eine Gewissensfrage war und keine der geographischen Entfernung zwischen Berlin und Stockholm.

›Zu neuen Ufern‹

Zarahs Erfolg am *Theater an der Wien* hatte sie zwar in Österreich zum Star gemacht, aber noch längst nicht in Deutschland. Dort konnten 1936 nur Kenner der Theater- und Filmszene etwas mit dem Namen Leander anfangen. Die Ufa begann deshalb, sie systematisch und mit großem Aufwand zum Star aufzubauen. Man hatte schließlich viel Geld in sie investiert, und das mußte sich eines Tages bezahlt machen.

Kaum war der Vertrag mit der Ufa abgeschlossen, kam *Premiere* in die deutschen Lichtspielhäuser. Für die Zarah-Kampagne der Ufa wirkte sich dieser Film nur wenig förderlich aus, denn trotz einiger guter Ansätze zeigte Zarah noch nichts, was sie über die anderen berühmten Mädels des deutschen Films deutlich hinaushob.

Der Werbechef der Ufa setzte seinen ganzen Ideenreichtum ein, um erst einmal ein ganz spezifisches Zarah-Image zu kreieren. Die gleichgeschaltete Presse wurde in Pressekonferenzen und durch vorverfaßte Personenbeschreibungen davon in Kenntnis gesetzt, wie der neue Star, das »nordische Waldwesen«, zu präsentieren sei. Mit allen Finessen erzeugte man beim Kinobesucher das Bedürfnis nach einem Produkt, das noch gar nicht auf dem Markt war.

Zarah sollte aber nicht einfach ein Star, sie sollte vielmehr *der* Star werden. Um das durchzusetzen, experimentierte man erst einmal wochenlang an ihr herum. Mit der sprichwörtlichen deutschen Gründlichkeit, die Zarah in mancher Hinsicht, nicht aber in der Filmindustrie, übertrieben und lächerlich fand, machte man sich daran, ihr Äußeres *à la grande dame* durchzustylen: »Die Damen der Kostümateliers inspizierten mich und entdeckten, daß ich größer war als befürchtet, gerade Schultern hatte, niemals einen Büstenhalter trug sowie auf Füßen durchs Leben schritt,

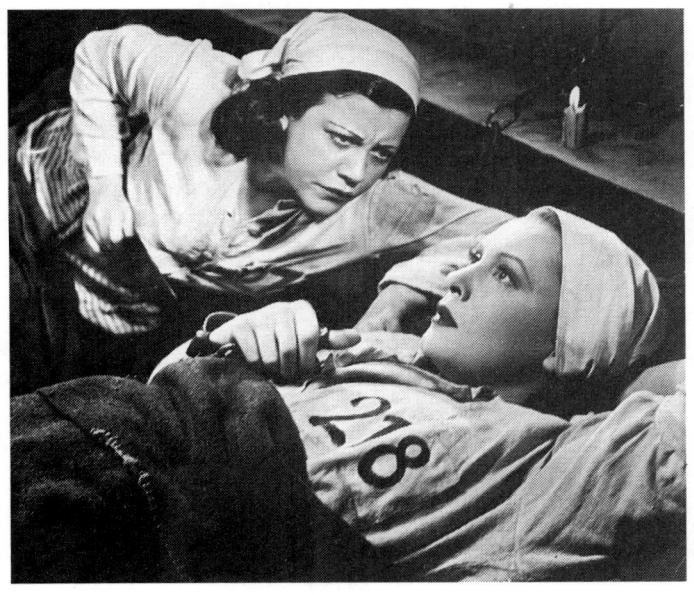

Zarah Leander als Gefangene Nummer 218 in ›Zu neuen Ufern‹

die nur ein Handschuhmacher lieben konnte: Alles mußte extra angefertigt werden, sogar die Handschuhe. Der Maskenbildner und der Perückenmacher faßten mein Haar an und konstatierten, daß unser Herrgott die Farbe aus purem Versehen erschaffen haben müsse: Diese staunenswerte Nuance zwischen roten Beten und Mohrrüben konnte nicht absichtlich zustande gekommen sein. Herr Jabs, der Maskenbildner, tätschelte mir in einer Art Berufsstolz die Wangen und murmelte: ›Welche Flächen!‹ Die Sommersprossen bekümmerten ihn gar nicht.«

Von dem riesigen Filmstab, mit dem Zarah in den modernen Babelsberger Ufa-Studios zusammenarbeitete, sollte sich ein Mann besondere Verdienste um Zarah erwerben: der Fotograf und Kameramann Franz Weihmayr. In neun von den zehn Filmen, die Zarah für die Ufa machte, stand Weihmayr hinter der Kamera, und er konnte aus ihrem Gesicht mehr machen als jeder andere. Er war fasziniert von ihrem Blick, ihren sehnsüchtigen und zugleich unergründlichen Augen, deren Wirkung allerdings ganz prosaisch auf Zarahs starker Kurzsichtigkeit beruhte. Weihmayr nahm sich Stunden Zeit, um eine Nahaufnahme von ihr richtig auszuleuchten. Zarah machte geduldig mit. Sie wußte schließlich, daß es nur zu ihrem Vorteil war. Sie gestand offen ein, daß sie nicht einmal in ihrer Bestform so schön war, wie Weihmayr sie auf Standfotos und in ihren Filmen herausbrachte.

Zarahs Image war exakt kalkuliert. Es haftete ihr schon vor der Herstellung ihres ersten Ufa-Films an. Die Schwierigkeit lag unter diesen Umständen darin, eine Rolle für sie zu finden, die zu ihrem Image paßte. Bis sie ein Drehbuch fand, das diesen Anforderungen genügen konnte und außerdem in der Chefetage der Ufa Zustimmung fand, las Zarah beinah ein Dutzend Entwürfe durch. Schließlich einigte man sich auf ein Manuskript, das auf der Vorlage des fast unbekannten Romanautors Lovis H. Lorenz basierte: *Zu neuen Ufern.*

Zarahs Mitspracherecht bei der Auswahl des Drehbuchs stand also nicht nur auf dem Papier. Nachträglich räumte man ihr sogar noch umfassendere Rechte ein, denn sie durfte bis zur Endfassung ihre Vorstellungen geltend machen.

Der Regisseur ihres Ufa-Erstlings hieß Detlef Sierck. Er arbeitete ursprünglich am Theater, wo sein Erfolg so groß war, daß die Ufa auf ihn aufmerksam wurde und ihn als Filmregisseur verpflichtete. Mit *Das Mädchen vom Moorhof* (1935), *Stützen der Gesellschaft* (1935), *Schlußakkord* (1936) und *Das Hofkonzert* (1936) hatte er hinreichend bewiesen, daß er in seinem neuen Metier gut genug war, um das kostbare Gut anvertraut zu bekommen. Zarah schätzte Sierck als erfahrenen, warmherzigen Regisseur, und er vermittelte ihr auch das beruhigende Gefühl, daß er sich sehr gut in ihre Lage hineindenken konnte.

Sierck verließ nach seinem zweiten Film mit Zarah Deutschland, weil das Leben seiner Frau, die jüdischer Abstammung war, gefährdet war. Er ließ sich in Hollywood nieder und arbeitete dort unter dem Namen Douglas Sirk weiterhin als Regisseur. In einem Interview mit Eckhart Schmidt ließ er sich ausführlich über Zarah aus: »Die Ufa brauchte damals neues Starmaterial. Die Harvey war nicht mehr da, und eigentlich dachten sie an einen Star so etwa wie in *Der Kongreß tanzt,* etwas leichtfüßiges Blondes. Ich kam nach Wien und sah die Vorstellung. Es war aber nicht leichtfüßig und blond, sondern schwerblütig und ein Gesicht von einer unwahrscheinlich klassischen Schönheit

Lissi Arna und Zarah Leander in ›Zu neuen Ufern‹

über einem etwas schweren Körper, der allerdings durch die Schwere eines sehr ausladenden Gewandes betont und verdeckt wurde.

Später entdeckte ich, daß sie breithüftig und schwer, schwer auch in der Stimme war. Aber diese Stimme, die eigentlich ein Bariton war, empfand ich sogar als aufregend. Ich hatte das Gefühl, daß hier etwas Merkwürdiges war. Nun ist Merkwürdigkeit und Seltsamkeit ja immer das Neue. Es liegt im Wort merkwürdig, man merkt es sich. Eigentlich blieb dieses merkwürdige Gesicht in jedem Licht dasselbe. Es hatte nämlich jene Flächigkeit, die ja auch das Gesicht der Garbo gehabt hat und die gut für den Film ist, auch jene Ruhe des Gesichts, nicht die Nervosität. Nun ist Nervosität ungeheuer interessant in einem Gesicht. Das Gegenteil, die Ruhe, die Flächigkeit des Gesichts ist filmisch außerordentlich schön. Solche Gesichter wie bei der Garbo und auch bei der Ingrid Bergman, viele der Schwedinnen haben das, wurden von uns jungen Filmemachern das Kuhgesicht genannt. Die stillen Augen, die ja schön sind bei den Kühen, dazu die Ruhe, die eine merkwürdige Faszination auf die Kamera ausübte. Ich hatte das Gefühl, die Leander kannst du mit irgendeiner Linse schießen, mit einer Wide-angle zum Beispiel, die alles ein bißchen verzerrt. Dieses Gesicht ist in dieser Beziehung strapazierbar.«

Die Suche nach dem richtigen Partner für Zarah Leander erwies sich als kompliziertes Unterfangen. Dazu wieder ein Ausschnitt aus dem Sirk-Interview von Eckart Schmidt: »Willy Birgel war von ihr auch fasziniert, er machte mich nur auf eines aufmerksam, was natürlich ein Schauspieler sofort bemerkt: ›Ich glaube, sie kommt nicht in Frage, sie ist doch viel größer als ich.‹ Ich sagte: ›Au weh, das hab ich gar nicht bemerkt, was machen wir da?‹ Also begann ich noch ein anderes System neben den Kameraschienen zu legen aus zehn Zentimeter großen Blökken. Die gibt es in jedem Studio, in jeder Anzahl, man muß

›Zu neuen Ufern‹

mitunter Tische und Stühle erhöhen. Auf diesen Blöcken
wandelte von nun ab Willy Birgel und sie nebenher. Birgel
war zunächst geniert. Sie war vollkommen souverän.«
Zu neuen Ufern war zwar keine Billigproduktion, doch
man scheute sich bei der Ufa, mit der unbekannten Größe
aus Schweden zuviel zu riskieren. Man hielt sich bei der
Ausstattung zurück, ließ es aber nicht an der nötigen hand-
werklichen Sorgfalt fehlen. Für die anstrengenden techni-
schen Proben bekam Zarah ein *stand-in* namens Friedl Ga-
selle. Sie hatte beinahe die gleiche Statur wie Zarah und sie
identifizierte sich bald so sehr mit ihr, daß sie sogar ihre Bewegungen denen des Stars anglich. Für Zarah war Friedl

Gaselles Einsatz auch in anderer Hinsicht sehr hilfreich: »Aus einer Ecke im Studio studierte ich, wie mein Double ging, wo sie stehenblieb, wie ihre Körperhaltung beim Hinsetzen war, und dabei prägte sich mir irgendwie die ganze Szenerie ein. Die Methode paßte mir gut, wir brauchten nur selten zusätzliche Proben, oft konnten wir die Szenen direkt drehen – und ich brauchte den Dialog nicht wiederzukäuen und konnte so intuitiv-spontan sein, wie ich (und auch der Regisseur) es wollte.«

Die Dreharbeiten waren trotz dieser spürbaren Erleichterungen für Zarah manchmal alles andere als vergnüglich. Das lag vor allem an einem der beiden männlichen Hauptdarsteller: an Willy Birgel. Im Film zerquälte sie sich seinetwegen, im wirklichen Leben schätzte sie ihn so ein: »... groß und schlank, attraktiv-häßlich, geschmeidig wie eine Weidenrute – ein ausgekochter Verführer, der Schicksal und Ehre so manchen Mädchens im Film auf dem Gewissen hat. Er war bereits damals Staatsschauspieler, ein Ehrentitel, von dem er überall ohne eine Spur von Humor Gebrauch machte. Im Film war er einfach eine Katastrophe. Jeder menschliche oder männliche Charme ging ihm völlig ab. Mir ist selten ein Mann begegnet, der etwas so Tötendes hatte wie Willy Birgel. Selbst die Luft um ihn herum war tot.«

Von Viktor Staal, ihrem anderen Hauptdarsteller, war sie dagegen sehr angetan. Seine lebhafte Art und sein jungenhafter Charme gefielen ihr überaus gut. Da sie in Dahlem, wo Zarahs Villa stand, Nachbarn waren, verbrachten sie einen großen Teil ihrer Freizeit gemeinsam beim Boccia-Spiel – und, Gerüchten zufolge, nicht nur dort.

Willy Birgel spielt in *Zu neuen Ufern* den treulosen Schurken, Viktor Staal den ehrlich Liebenden, der Zarah aus ihrem Unglück herausholt. Von Zarahs realer Sympathieverteilung war diese Film-Konstellation also nicht sehr weit entfernt.

Ausgangspunkt der Handlung ist das London des Jahres

1840. Gloria Vane (Zarah Leander) hat ein Verhältnis mit Sir Albert Finsbury (Willy Birgel), der in ihr nur ein romantisches Abenteuer sieht, während sie ihn glühend liebt. Außer seinem Adelstitel hatte Finsbury von seinem Vater nichts geerbt. Geldschwierigkeiten waren für ihn ein Dauerzustand. Um seine Zukunft zu sichern, meldet er sich für einen Offiziersposten bei der englischen Armee in Australien. Vor seiner Abreise muß er allerdings noch seine Schulden begleichen. Er bittet deshalb seinen Freund Bobby Wells (Robert Dorsay) um die Summe von sechshundertfünfzehn Pfund. Wells erniedrigt den Bittsteller, indem er ihm voller Häme einen Scheck über fünfzehn Pfund aus-

Zarah/Gloria Vane zerbricht beinahe an der Treulosigkeit ihres Geliebten. Auch der Kasinodirektor (Herbert Hübner) kann sie über ihre schlimme Lage nicht hinwegtrösten

schreibt. Finsbury schreibt in seiner bedrängten Lage einfach eine Sechs vor die Fünfzehn und macht sich damit des Scheckbetrugs schuldig. Kaum ist er abgereist, fliegt die Fälschung auf. Ohne zu wissen, daß ihr dafür eine lange Zuchthausstrafe droht, nimmt Gloria die Schuld ihres Geliebten auf sich. Sie wird zu einer siebenjährigen Deportationshaft in einem der britischen Überseegebiete verurteilt und landet prompt ebenfalls in Australien. Finsbury hat unterdessen in Sydney eine steile Karriere gemacht; er wird der Adjutant des Gouverneurs (Edwin Jürgensen) und der Ehemann in spe der Gouverneurstochter Mary (Carola Höhn). Er erfährt von Glorias Unglück, denkt aber gar nicht daran, für sie seine neue Position und sein angenehmes Leben aufs Spiel zu setzen. Gloria läßt ihm aus dem Gefängnis eine Botschaft zukommen, die nicht den geringsten Zweifel an ihrer verzweifelten Liebe für Finsbury läßt. Obwohl er nicht reagiert, hält Gloria an ihrer Liebe fest. Aufgrund eines königlichen Erlasses war es in Australien möglich, den akuten Frauenmangel durch das Herausheiraten weiblicher Häftlinge zu lindern. Einmal im Monat fand vor dem Gefängnis eine Brautschau statt, bei der sich unverheiratete Männer aus der großen Zahl der weiblichen Häftlinge eine Ehefrau aussuchen konnten. Der Farmer Henry Hoyer (Viktor Staal) bittet Gloria, ihn zu heiraten. Gloria gibt sich einverstanden, in Wirklichkeit hat sie aber von Anfang an nichts anderes im Sinn, als ihrem Bräutigam davon und zu Finsbury zu laufen. Sie packt die erstbeste Möglichkeit beim Schopf, um ihren Plan zu verwirklichen. Sie geht im Eilschritt zum Gouverneurspalast und gerät mitten in die Verlobungsfeierlichkeiten für Finsbury und Mary. Sie ist fassungslos vor Entsetzen und sucht sich nun, da sich all ihre Hoffnungen zerschlagen haben, ein Engagement als Sängerin. Sie kommt im *Sydney-Casino* unter, wo Finsbury wenig später mit seinen Freunden seinen Junggesellenabschied feiert. Ein Aufeinandertreffen der beiden ist nun unvermeidbar.

*Am Ende hat sich das Leiden doch gelohnt: Gloria weiß nun, wo sie hinge-
hört (rechts Viktor Staal)*

Als Finsbury sie sieht, ist er aufrichtig erschüttert und fleht
sie an, ihm noch einmal eine Chance zu geben. Gloria aber
bleibt hart, ihre Liebe für ihn ist abgestorben. Finsbury
nimmt sich das Leben, und Gloria geht zurück ins Zuchthaus. Auf diese Weise kann sie Henry Hoyer, der sie lange
vergeblich gesucht hatte, wiederfinden. Er bittet sie ein
zweites Mal, mit ihm zu kommen, und diesmal gibt es keinen Zweifel daran, daß sie bei ihm bleiben wird.
Bei ihren Auftritten im Casino singt Zarah/Gloria drei Lieder, die ihr Ralph Benatzky auf den Leib komponiert

hatte: *Tiefe Sehnsucht, Ich steh' im Regen* und *Yes, Sir!* Vor allem die beiden letzten sind heute Evergreens, die man unweigerlich und ausschließlich mit Zarahs Stimme verbindet.

Die Premiere von *Zu neuen Ufern* fand am 31. August 1937 im Ufa-Palast am Zoo statt. Sie wurde wie ein Staatsakt inszeniert: »Massenhaft Leute. Lange Polizeiketten. Kleine Kinder mit blau-gelben Wimpeln und Fähnchen ... Scheinwerfer wie auf einem Eishockeyplatz. Ehrengeleit mit motorisierter Polizei an der Spitze. Dahinter im offenen Auto die Garde der Diva: acht Frackanzüge mit Männern darin. Oh, es war prachtvoll, man konnte sich beinahe einbilden, daß hier etwas wirklich Bedeutungsvolles vor sich ging.«

Die Premierenbesucher schluchzten, als es Zarah auf der Leinwand so elend ging. Sie vergossen Tränen der Rührung, als Zarah/Gloria in einer bescheidenen Zeremonie Henry/Viktor Staal das Jawort gab und damit endlich Ruhe und Frieden in ihr bis dahin so leidvolles Dasein einkehrten. Nur einer im Zuschauerraum konnte sein Lachen nicht unterdrücken: Arne Hülphers. Drei Jahre zuvor hatte er mit Zarah einige Plattenaufnahmen gemacht. Er hielt diesen Film für den letzten Kitsch, dabei war er Zarah schon damals mehr als gewogen. Sein Gelächter und sein Kichern mitten in die weihevolle Stimmung hinein zogen ihm den Zorn des gesamten Publikums zu. Die Lage wurde für ihn so brenzlig, daß er es vorzog, das Kino auf leisen Sohlen zu verlassen, ehe das Licht wieder anging.

Natürlich konnte dieser einsame Lacher nichts an dem ändern, was genaugenommen durch den riesigen PR-Aufwand der Ufa vorprogrammiert war: Die Presse war hin und weg von Zarah und ihrem ersten deutschen Film. Im *Berliner Tageblatt* zum Beispiel las sich der Jubel so: »Es ist ein Film der großen Töne. Man wird ergriffen von der Melodie dieser Bilder und schließlich auch von dem Orgelton einer Stimme. Unter der Spielleitung von Detlef Sierck (und der Tonaufnahme von Carl-Heinz Becker) geschieht das Wunder, daß man durch eine an sich belanglose Handlung gefesselt wird und daß aus einem schönen Gesicht (Zarah Leander) eine Vox humana klingt, die man so leicht nicht vergessen wird.

Die Stimme ist übernatürlich dunkel, in der Lage fast ein Bariton, aber sie schwingt und klingt so wundervoll, daß Vergleiche (rein tonliche Vergleiche) mit der Dietrich oder

Auch wenn sie auf diesem Bild pflichtgemäß lächelt, war Willy Birgel für Zarah alles andere als ein angenehmer Begleiter: Berliner Filmball 1937

der Garbo gar nicht in Frage kommen. Ob das Lied vom Regen oder von der großen Sehnsucht oder sonst ein süßer Brei gesungen wird – ob er auf der Kabarettbühne, ob im Zuchthaus hinterm Webstuhl oder beim Korbflechten gesungen wird –, es ergreift rein klanglich …«

Im *Berliner Lokalanzeiger* fehlten kritische Untertöne völlig; peinlich vollmundig hieß es da: »… Über allem aber liegt der Glanz einer Stimme. Sie ist so berauschend wie schwerer dunkler Wein. Sie kann so wuchtig klingen wie der Ton einer Orgel. So durchsichtig scheinen wie Glas, so tief wie Metall. In dieser Stimme ist alles: der Jubel, das Glück, des Lebens trunkene Melodie und sein wilder Schmerz. Und diese Stimme gehört Zarah Leander, der großen Schauspielerin, der neu entdeckten Tragödin des deutschen Films. Es ist nicht zuviel gesagt, wenn man behauptet, daß sie für den Tonfilm dasselbe bedeuten wird, was Asta Nielsen in ihrer Art für den Stummfilm war.«

Auch das Publikum mochte den Film und vor allem Zarah. Trotzdem war man sich bei der Ufa nicht ganz sicher, ob Zarah mit ihm den Durchbruch zum großen Star, zur Diva des deutschen Films, geschafft hatte. Eines regnerischen Abends saß Zarah mit Ernst Hugo Corell in einem Restaurant am Kurfürstendamm. Sie unterhielten sich gerade über ihre Wirkung auf das Publikum und fragten sich, welchen Status sie wohl jetzt erreicht haben würde. Beide äußerten sich ziemlich skeptisch. Plötzlich hörten sie eine »Dame vom leichten Gewerbe« *Ich steh' im Regen* singen. Sie wollte damit einen Kunden locken und machte Corell damit, ohne es zu wissen, eine Riesenfreude. Um die Leander mußten sie sich keine Sorgen mehr machen: »Wenn sie schon so populär ist, daß die Mädchen von der Straße ihre Lieder singen, dann hat sie es geschafft.« Douglas Sirks Version von dieser Geschichte klingt ein wenig anders, doch die Pointe bleibt die gleiche.

Zarah war also mit *Zu neuen Ufern* bestens eingeführt, doch *der* Star schlechthin war sie nach einem einzigen Film-

›La Habanera‹: Zarah und Julia Serda

erfolg noch längst nicht. Es galt nun, mit dem nächsten Film zu dem bereits gewonnenen noch mehr Terrain hinzuzugewinnen.

In ihrem zweiten Ufa-Film führte wieder Detlef Sierck Regie. Puerto Rico. Die schöne, rotblonde Schwedin Astree Stjernhelm (Zarah Leander) bereist mit ihrer Gesellschaftsdame Ana (Julia Serda) das Land. Die angenehme, sonnige Atmosphäre und die herzlichen Menschen machen einen ganz anderen Menschen aus ihr. Sie verliebt sich in den sagenhaft männlichen Stierkämpfer Don Pedro de Avila (Ferdinand Marian). Obwohl sie ihren Gefühlen nicht nachgeben will, erliegt die Kühle aus dem Norden, die in Wirklichkeit ein wahrer Vulkan ist, der feurigen Ero-

tik des Südländers. Sie ist mit ihrer Gesellschaftsdame schon an Bord des Schiffs, das sie nach Schweden zurückbringen soll, da wird ihr klar, daß sie ihre Heimat aufgeben muß, nicht den Geliebten. Sie geht von Bord, läuft in Don Pedros Arme und liefert sich ihm damit praktisch aus: »Nun habe ich nur noch dich!« Ana ist nämlich an Bord geblieben. Für kurze Zeit ist Astree die glücklichste Frau der Welt, denn bei ihrem Mann hat sie alles, was sie sich wünscht: Luxus, Liebe, Sonnenschein. Sie bringt einen Sohn zur Welt (der übrigens hellblond ist, obwohl beide Eltern dunkle Haare haben). Astrees Glück scheint perfekt zu sein, da packt sie plötzlich das Heimweh und die Sehnsucht nach ihrem schwedischen Jugendfreund. Ihr Mann hält sie vor Eifersucht wie eine Gefangene, und sie ist praktisch von der Außenwelt isoliert. Die beiden sind schon zehn Jahre verheiratet, als Astrees früherer Verlobter (Karl Martell) in Puerto Rico auftaucht. Er ist Arzt und möchte unbedingt der mysteriösen Fieberepidemie auf den Grund gehen, die auf der Insel ausgebrochen ist. Als auch Don Pedro an dieser Krankheit stirbt, hat Astree ihre Freiheit wieder. Zarah verläßt mit ihrem Sohn und ihrem wiedergewonnenen Verlobten das Land, in dem alles einmal so traumhaft begonnen hatte. In der letzten Einstellung singt sie wehmütig *Der Wind hat mir ein Lied erzählt.*
Dieser Schlager, der im Dritten Reich all ihre anderen Lieder an Beliebtheit weit übertraf, entstand unter recht kuriosen Umständen. Er war noch gar nicht geschrieben, da war für seine Aufnahme bereits ein Orchester bestellt, das Tonstudio reserviert und alles weitere arrangiert. Noch am Abend vor der Einspielung hatte Zarah keine Noten zur Verfügung, sie war außergewöhnlich nervös, als sie das Studio verließen. Sierck beruhigte sie. Er bat Lothar Brühne, den kongenialen Korrepetitor Ralph Benatzkys, bis Mitternacht eine Habanera zu komponieren. Bereits eine Stunde vor Ultimo stand Brühne vor Zarahs Haustür, und die Melodie gefiel ihr. Fehlte nur noch der Text! Bruno

Balz schrieb ihn angeblich in einer halben Stunde, vielleicht hat es auch ein wenig länger gedauert. Er hatte Zarahs Bitte, über unerfüllte Sehnsucht zu dichten, hundertprozentig erfüllt: Der Wind hat mir ein Lied erzählt … Nur Corell machte Schwierigkeiten, denn er konnte an diesem Text absolut keine Logik entdecken. Der Wind und etwas erzählen … Zarah nahm seinen Einwand voller Entrüstung zur Kenntnis, schließlich, so meinte sie, handle es sich doch um eine poetische Umschreibung, und im Namen der Poesie dürfe man sich einiges leisten, davon war sie fest überzeugt, und für diese Überzeugung kämpfte sie wie eine Löwin. Corell gab schließlich klein bei.

La Habanera entstand unter beinahe unmenschlichen kli-

Ferdinand Marian und Zarah in ›La Habanera‹

matischen Verhältnissen im Sommer 1937 auf Teneriffa. Anders als *Zu neuen Ufern* war *La Habanera* nicht allein Zarahs Film.

Noch wesentlich beeindruckender war Ferdinand Marian. Kein anderer deutscher Schauspieler hätte damals den glutäugigen Unwiderstehlichen, der alle tugendsamen Prinzipien einer Frau zum Zusammenstürzen bringt, überzeugender spielen können als Marian. Viele Kinobesucherinnen hätten weiß Gott was dafür gegeben, von seiner ungezügelten Eifersucht gequält zu werden, welche Wonne das gewesen wäre! Viel mehr Wonne als Leid und Qual! Doch Zarah, für die ja schon der kleinste Anlaß genügte, mußte wieder ihr ganzes Leidensrepertoire zum besten geben. Zugegeben, sie litt wunderbar, und wahrscheinlich

Das Ehegefängnis wird immer erdrückender: Zarah in ›La Habanera‹

Ihr einziger Trost ist ihr Sohn Juan: ›La Habanera‹

wünschten sich die gleichen Frauen, die sich nach Marians Leidenschaftlichkeit sehnten, genauso schön und hinreißend leiden zu können. Marian war einfach »ungemein erregend, obwohl das, was er zu spielen und zu sagen hatte, mehr als dumm war ... Aber wie er den Stier besiegte, wie er die Frau eroberte, wie er schließlich am Fieber zugrunde ging – das war meisterhaft ...« So beschrieb Curt Riess die Wirkung Marians.

Ferdinand Marian hatte damals eine glänzende Karriere vor sich. 1937 war ihm als treuloser Liebhaber Pola Negris mit der Flaubert-Verfilmung *Madame Bovary* der Durchbruch gelungen. Seither spielte er in allen Variationen immer wieder den schurkischen Frauenhelden oder Ver-

führer. Da er aufgrund seiner erotischen Leinwandpräsenz, die immer einen Touch von Lüsternheit hatte, und
auch wegen seiner dunklen Haare der Klischeevorstellung
von einem Juden entsprach, wie sie die nationalsozialisti-
sche Rassenpropaganda den Deutschen eingebleut hatte,
mußte Marian, obwohl er sich weigerte, eine Rolle übernehmen, die sich im nachhinein als schicksalhaft für ihn erwies: In dem wohl perfidesten Hetzfilm der Ufa hatte er
die Titelrolle des Jud Süß zu übernehmen. Nach Kriegsende bekam Marian wegen seiner Mitwirkung in diesem
Film Berufsverbot; kurz nach seiner Verurteilung nahm er
sich zusammen mit seiner Frau das Leben.
La Habanera wurde ein Renner. Die Kritiker schienen
Mühe zu haben, ihrer Begeisterung angemessen Ausdruck
zu verleihen. Nach diesem Film wurde Zarah Leander nun
ohne Einschränkung als die neue Marlene Dietrich gefeiert. Wenn man sich den Film heute ansieht, ist die Euphorie von damals kaum noch nachvollziehbar. Für die Generation, die das Dritte Reich und den Rummel um die Leander nicht miterlebt hat, gilt wohl mehr das, was Helma Sanders-Brahms 1981 über sie schrieb: »Einerseits begreift
man, warum die Nazis 1938 (soll heißen 1937, Anm. d.
Verf.) sowas noch produzierten, als Fritz Lang und andere
längst in den USA oder sonstwo saßen. Schweden, der Norden, die Wissenschaft, die Mutterliebe, der blonde Knabe
in den Fängen des düsteren Vaters ... andererseits impo-
niert die List, mit der Sierck diese Geschichte gegen den
Strich bürstet und einem am Ende die ganze Heimatsehn-
sucht doch wieder vermiest, wie vorher schon das Ehe-
glück, das hier die Freuden eines Schraubstocks hat. Aber
aus der Story zwischen Marian und Leander macht er
etwas sehr Ambivalentes, so daß man zwischendurch
immer wieder die Wut auf diese singende Spinatwachtel
kriegt, die dauernd nach dem Schnee jammert, der in den
Tropen nicht zu haben ist, und ihr Kind dazu anstiftet, den
eigenen Vater zu hassen, und sich dann wundert, wenn der

tückisch wird. Und wie Sierck auch das Spinatwachtelige an Zarah – ja, und verdammt, das hat sie! – auch wieder gegen den Strich bürstet, so daß aus ihr etwas wird, das auf ganz ähnliche Weise rührt wie Garbo, irgendwie auch dieses überaus schöne Gesicht mit der leichten Schiefe darin, die vorgeschobenen Schultern der zu groß gewachsenen

Am Schluß wird sie doch wieder aus ihrem Elend erlöst: Karl Martell befreit Zarah aus ihrer Südsee-Hölle

Frauen und ihr vorgeschobenes Becken, das aus dem Bestreben kommt, neben kleineren oder gleich großen Männern kleiner, zierlicher zu wirken, wie es zu diesen Überfrauen gar nicht paßt, die bei genauem Hinsehen immer mit eingeknickten Knien laufen, um nur nicht so groß zu wirken, wie sie sind, und wie die Muttis im Kino sie auch nicht haben wollen, die sich in den Filmen beider Diven einst die Taschentücher vollweinten.«

1937, als Goebbels die Ufa fest in seiner Hand hatte, wäre eine solche, kritische Betrachtung Zarah Leanders undenkbar gewesen. Die Filmkritikergarde war durch das Propagandaministerium zum Marionettentheater degradiert worden. Es gab nur noch die sogenannte Kunstbetrachtung, in der die kritischen Beobachter von einst nichts Wertendes, schon gar nichts Abwertendes schreiben durf-

Zarah mit ihren beiden Kindern, 1937

Zarah Leander bei einem Wehrmachtswunschkonzert im November 1939

ten, es sei denn, sie bekamen einen entsprechenden Wink von oben. Die Partei diktierte die Aufnahme, die ein Film bei den »Kunstbetrachtern« zu finden hatte. Fehlbeurteilungen waren an sich ausgeschlossen, da jede Zeitungs-

und Zeitschriftenredaktion eingehend über die Qualitäten der wichtigen Filme und ihrer Stars informiert wurde. Nur die gewieftesten Journalisten konnten unter diesen Umständen wenigstens sporadisch ihre eigene Meinung durchschimmern lassen, vorausgesetzt natürlich, daß Goebbels' Meinung sich von der eigenen überhaupt unterschied.

Seit Mai 1937 ermöglichte es der neugegründete Kunstausschuß der Ufa Goebbels, noch mehr und noch unverhohlener Einfluß auf die Produktionsplanung der Ufa zu nehmen. Die Filmschaffenden waren über diese Institution leichter zu kontrollieren als zuvor, und der Produktionschef, damals Ernst Hugo Corell, wurde in seinen Kompetenzen kräftig beschnitten. Änderungswünsche und Produktionsvorschläge, die vom Kunstausschuß kamen, mußten vom Ufa-Vorstand berücksichtigt werden, ob ihm das paßte oder nicht.

Der Kunstausschuß war mit *La Habanera* nicht einverstanden. Hätte es für die Ufa nicht einen riesigen finanziellen Verlust bedeutet, diesen zu »undeutschen« Film *nicht* in die Kinos zu bringen, wäre Ernst Hugo Corell wohl kein Argument eingefallen, das diesem ebenso typischen wie unsinnigen Vorwurf hätte standhalten können: Immerhin war *La Habanera* längst groß angekündigt, und die ausländischen Verleihe hatten schon lange gebucht. Corell mußte seinen Sieg teuer bezahlen: Zunächst kürzte man ihm, der nicht bereit war, der NSDAP beizutreten, 1938 sein Gehalt, ein Jahr später entließ man ihn ganz.

Für Zarah hatte die Auseinandersetzung um *La Habanera* überhaupt keine Folgen; sie verhielt sich ruhig und konzentrierte sich einzig und allein auf ihre Karriere.

Zarah Diva

Mit *La Habanera* hatte Zarah bewiesen, daß sie keine Eintagsfliege war. Das Publikum hatte sie voll akzeptiert, und die Ufa war sich nun sicher, daß der Name Leander ein Kassenmagnet war. Man beschloß daher, Zarah in den Mittelpunkt der Produktionsplanung zu stellen, sie zum Flaggschiff zu machen. Bei ihrem dritten Film, *Heimat*, wollte man deshalb überhaupt keine Kosten mehr scheuen, schließlich mußte man nun dem neuen Star die Zusammenarbeit über die vertraglich festgesetzten drei Filme hinaus schmackhaft machen.

Ruth Hellberg, Heinrich George und Zarah in ›Heimat‹, dem einzigen Film, auf den sie wirklich stolz war

Heimat entstand nach dem gleichnamigen Schauspiel Hermann Sudermanns, der in der Hochphase des Naturalismus sehr erfolgreich gewesen war. Als die Dreharbeiten zu *Heimat* begannen, war sein Name in Deutschland allerdings fast völlig vergessen.

Heimat spielt am Ende des 19. Jahrhunderts in einer kleinen deutschen Residenzstadt namens Ilmingen. Im Mittelpunkt stehen die Sängerin Maddalena dall'Orta und die stark vom wilhelminisch-militärischen Ehrenkodex geprägte Verhaltensnormierung der älteren Generation, vor allem die ihres Vaters.

Maddalena dall'Orta (Zarah Leander), eine weltberühmte Sängerin, kommt nach Ilmingen, um bei den dortigen Festspielen zu singen. Das ganze Städtchen steht Kopf, und niemand weiß zunächst von ihrer wahren Identität. Es läßt sich jedoch nicht lange verheimlichen, daß sie Magda von Schwartze ist, die ihrem Vater (Heinrich George) acht Jahre zuvor davongelaufen ist. Sie versöhnt sich mit ihrem Vater, der sie für tot erklärt hat, verschweigt ihm aber, daß sie ein Kind hat. Er ahnt, daß sie ihm etwas verheimlicht: »Du hast dein gutes Herz behalten, aber – in deinen Augen, da ist etwas, was mir nicht gefällt.« Er versucht immer wieder, die Wahrheit aus ihr herauszubekommen, dringt aber nicht zu ihr durch: Magda weiß zu gut, daß die Wahrheit den Familienfrieden ein zweites Mal zerstören würde.

Magdas Schwester Marie (Ruth Hellberg) möchte heiraten, kann aber die dafür notwendige Kaution von sechzigtausend Reichsmark nicht aufbringen. Magda, die als Sängerin viel Geld verdient hat, geht zur Bank, um dort das Geld für ihre Schwester abzuheben. Bei dieser Gelegenheit sieht sie ihren früheren Geliebten, den jetzigen Bankdirektor von Keller (Franz Schafheitlin), wieder. Es stellt sich heraus, daß er der Vater ihrer Tochter ist, der sie in ihrer Notlage in Berlin sitzengelassen hat. Er bietet ihr an, sie zu »rehabilitieren« und beteuert, daß er sie immer ge-

Noch ist die Versöhnung ungetrübt. Vater von Schwartze (Heinrich George) weiß noch nichts vom unehelichen Kind seiner Tochter

liebt habe; seine Beteuerung kommt mit einer solch kalten Stimme und einer derart ausdruckslosen Miene, daß der Zuschauer sofort weiß, von wem fortan alles Übel ausgehen wird. Magda lehnt sein Angebot ab, weiß aber, daß dieser Mann keine Hemmungen haben wird, mit seinem Wissen zu ihrem Vater zu gehen. Schließlich weiß er, daß sie reich ist, und mit der Hilfe ihres Vaters hofft er, sie zur Ehe zwingen zu können. Magda will von Keller zuvorkommen und erzählt ihrem Vater von ihrer Tochter. Der gerät außer sich vor Wut und Enttäuschung: »Du hast den Rock deines Vaters beschmutzt. Du hast die Zucht und die Ordnung, die ein unverrückbares Gesetz in diesem Hause sind, verachtet!«

Wie wenig vereinbar Magdas Denken mit dem verkrusteten Weltbild ihres ganz und gar dem Ehr- und Ordnungsbegriff des bürgerlichen Honoratiorentums ergebenen Vaters ist, wird mit ihrer Antwort deutlich. Sie liefert zugleich die Erklärung dafür, weshalb sie einst das Haus ihres Vaters ohne dessen Wissen verlassen hat: »Es gibt nur ein Gesetz für mich, die Ehrlichkeit meines Gefühls, die Treue zu mir selbst.« In den Augen des Vaters können diese Worte nichts anderes als Verrat sein.

Schon um sie wieder unter seinen Ordnungsbegriff zu dukken, verlangt er von seiner Tochter, daß sie von Keller heiratet. Die Familienehre muß gerettet werden, koste es, was es wolle! Magda jedoch wird diesen kalten Weichling »nie und nimmer« heiraten. Sie stürzt fluchtartig aus dem Haus und möchte die Stadt so schnell wie möglich wieder verlassen, doch ihre Schwester überzeugt sie davon, daß es jetzt nicht um sie, Magda, sondern um den Vater gehe.

Unterdessen ist der Vater zu von Keller gegangen, um ihn dazu zu bewegen, Magda zu heiraten; daß er diesem dabei die Pistole in die Rippen drückt, ist völlig unnötig. Der Zuschauer weiß hier besser Bescheid als der Vater. Die beiden verhandeln über Magda wie über ein willenloses Objekt – was sie möchte, zählt für die beiden überhaupt nicht: »Ich gebe Ihnen mein Ehrenwort, daß meine Tochter Sie heiraten wird!«

Am folgenden Tag geht von Keller zu Magda und diktiert ihr die Bedingungen, unter denen er sie heiraten werde: Das Kind wird nicht bei ihnen leben, und mit ihren öffentlichen Auftritten ist es vorbei. Als sie das hört, liefert sie ihm eine beeindruckende Szene und widerruft ihr Versprechen, von Keller zu heiraten, das sie ihrem Vater mittlerweile gegeben hat. Dieser läßt aber nicht nach, er besteht darauf, daß sie unter allen Umständen Frau von Keller werden müsse: »Meine Tochter ist leider nicht mehr in der Lage, sich Bedingungen auszusuchen. Ich bitte um Vergebung für den Auftritt, dem Sie ausgesetzt waren. Meine Tochter wußte nicht, was sie sagt … Sie haben mein Wort. Sie wird es einlösen.« Beim Leben ihres Kindes soll Magda nun schwören, daß sie den Vater ihres Kindes heiraten wird.

In der Zwischenzeit werden von Kellers üble Finanzmachenschaften, auf die während des ganzen Films immer wieder versteckt hingewiesen wurde, aufgedeckt. Als die Polizei bei ihm auftaucht, erschießt er sich. Magda wird den Organisten Franz Hefterdingk (Paul Hörbiger) heiraten, der mit ihrer kleinen Tochter schon längst Freundschaft geschlossen hat.

Zarah Leander hielt von keinem ihrer Filme viel, doch *Heimat* bedeutete ihr sehr viel. Unter Anleitung von Carl Froelich und an der Seite Heinrich Georges, der neben Emil Jannings der bedeutendste deutsche Charakterdarsteller jener Zeit war, lief sie zu ihrer besten schauspielerischen Form auf. Froelich, den Zarah nicht nur für den renommiertesten, sondern auch für den besten Regisseur hielt, mit dem sie je zusammengearbeitet hat, führte noch in zwei weiteren Leander-Filmen Regie: *Es war eine rauschende Ballnacht* und *Das Herz der Königin*.

Zarah singt »Ach, ich habe sie verloren« in ›Heimat‹

Wie nicht anders zu erwarten, wurde auch *Heimat* wieder begeistert von Presse und Publikum aufgenommen. Ungewöhnlich war jedoch, daß dieser Film auch international ein großer Erfolg wurde. Carl Froelich bekam für diesen Film 1939 den Nationalen Filmpreis, doch eine viel größere Ehre war für ihn der Preis des Italienischen Unterrichtsfilms, den er 1938 bei der Biennale in Venedig für die beste Regie bekam.

Unter dem Eindruck ihres berauschenden Erfolgs verlängerte Zarah ihren Vertrag mit der Ufa, ohne lange nachzudenken. Sie genoß ihr Stardasein. Für den Beifall und die Verehrung, die ihr das Publikum entgegenbrachte, übersah sie alle unangenehmen Nebenaspekte.

Ihre Arbeitstage waren hart und nur mit viel Disziplin zu bewältigen. Wenn sie nicht gerade eine Drehpause hatte, mußte sie jeden Tag um fünf Uhr fünfundvierzig aufstehen. Manche Drehtage endeten nicht vor Mitternacht, und die Samstage waren auch nicht frei; auch da wurde mindestens bis fünfzehn Uhr im Studio gearbeitet.

Zarahs Drehtage begannen mit einem sehr spartanischen Frühstück. Um sieben Uhr setzte sie dann ihr Chauffeur in Babelsberg ab. Bis neun Uhr mußte sie fertig angezogen, frisiert und geschminkt sein, was bei ihren oft aufwendigen Kostümen und Frisuren absolute Präzisionsarbeit voraussetzte. Schlag neun Uhr begannen die eigentlichen Dreharbeiten, die mittags für eine halbe Stunde unterbrochen wurden. Danach filmte man in der Regel bis neunzehn Uhr weiter. Den restlichen Abend hatte sie nicht ohne weiteres für sich, denn der gewitzte, umtriebige Pressechef der Ufa, Carl Opitz, lud ihr im Rahmen ihrer Repräsentationspflichten häufig noch Auftritte in der Öffentlichkeit auf. Diese öffentlichen Auftritte entbehrten manchmal nicht der Komik, was ihr Publikum allerdings nicht mitbekam. Die kurzsichtige Zarah durfte vor Publikum keine Brille tragen, das galt als imageschädigend. Eine »Brillenschlange« konnte nach damaligem Empfinden einfach

Das ist er, der Unhold, der Magda einst schmählich im Stich gelassen: Franz Schafheitlin als von Keller in ›Heimat‹

keine schöne Frau sein. Brillenträgerinnen standen grundsätzlich im Verdacht, Blaustrümpfe zu sein, und denen sprach die Männerwelt kurz und bündig alle weiblichen Qualitäten ab. Das Überweib Zarah durfte also um Himmels willen keine Brille tragen.

Die Brille ersetzten ihr zwei Männer aus dem Ufa-Stab, die offiziell als ihre Leibwächter auftraten. In ihren Memoiren schilderte Zarah Leander sehr anschaulich, wie es aussah, wenn die beiden sie durch Empfänge, Premieren und andere Veranstaltungen lotsten: »Sie begleiteten mich nicht wie die Bodyguards den amerikanischen Präsidenten, nein, sie dirigierten mich mit diskreten kleinen Knuffen oder leisem Geflüster. Sie hatten mich ja nicht gegen Bomben oder Attentate zu schützen, sondern sollten verhindern, daß ich über Türschwellen stolperte oder sonstige Fehltritte tat. ›Bitte, langsam jetzt. Niedrige Stufe. Links: älterer Herr zieht den Hut – vielleicht eine liebenswürdige Verneigung?‹ Fünf Sekunden später: ›Rechts winken ein paar Kinder mit schwedischen Fähnchen. Nein, mehr nach rechts, das ist ein Briefkasten! Achtung, Drehtür!‹ Nein... Mein Gott! Deutsche Drehtüren gehen ja rechts herum ... Ist den Zähnen was passiert? Aber nein, keiner hat etwas gemerkt. Jetzt: ›Roter Teppich, zehn Meter geradeaus. Am Ende steht der Gastgeber. Er sieht herüber. Schräg rechts nähert sich die Dame des Hauses. Kamelien.‹ Wir gehen weiter. Mischen uns unter die Leute. ›Madame, Ihr Lächeln nach links ist überflüssig. Nein, es ist doch nur eine Marmorsäule. Hat die ganze Zeit dagestanden. Doch, doch! Kellner mit Tablett ...‹« Nur wenn es ganz brenzlig wurde, holte Zarah ein mit erlesenen Edelsteinen gefaßtes Lorgnon aus ihrer Handtasche. Als »grande dame«, fand sie, durfte sie das manchmal riskieren.

Natürlich darf man diese Schilderung Zarahs nicht allzu ernst nehmen. Sie hat immer gerne mit ihrer Kurzsichtigkeit kokettiert, und die besten Szenen ihres Kurzberichts scheint sie aus Höhepunkten einiger Filmkomödien zusammengesetzt zu haben.

Jeder Leander-Auftritt wurde minutiös im voraus durchgeplant, deshalb war jeder einzelne eine Inszenierung für sich. Wenn sie längere Repräsentationsreisen ins Ausland unternahm, bestimmte nicht sie, was sie wann, wo und wozu tragen würde, sondern die Kostümabteilung der Ufa. Damit ihr auch ja kein Fehler unterliefe, gab man ihr umfangreiche Listen mit auf den Weg, auf denen die Zusammenstellung ihrer Garderobe und der dazu passenden Accessoires für die jeweiligen Anlässe bis ins letzte Detail vorgegeben war.

Wenn Zarah Einkäufe erledigen wollte, dann sorgte die Werbeabteilung der Ufa dafür, daß die angepeilten Geschäfte für die Dauer ihres Besuchs für den normalen Kun-

Die strengen Gesichtszüge lassen schon ahnen, daß es sich bei der älteren Dame um Zarahs Mutter Mathilda handeln muß

denverkehr geschlossen wurden. Zarah fühlte sich bei all dem für sie getriebenen Aufwand nicht wohl in ihrer Haut; sie mochte es nicht, wenn ihr Star-Status zu sehr betont wurde. Sie war auch nicht glücklich darüber, daß der Mythos Leander auf Kosten ihrer Familie ging. Sie mußte zwar nicht verheimlichen, daß sie verheiratet war und zwei Kinder hatte, aber sie mußte sie doch im Hintergrund halten, denn ein Star, der allzu tiefe Einblicke in sein Privatleben gewährt, setzt den Träumereien seines Publikums zu enge Grenzen. Ein Star lebt nicht zuletzt von seiner geheimnisumwitterten Aura – davon war man bei der Ufa fest überzeugt.

Carl Opitz, mit dem Zarah gut befreundet war und mit dem sie sich häufig über die Publicity-Feldzüge der Filmindustrie lustig machte, hatte es geschafft, aus ihr eine beinahe kultisch verehrte Gestalt zu machen, die zwar nicht unerreichbar schien, aber doch über den alltäglichen Dingen schwebte. In mancher Hinsicht war das Zarah sehr recht. Die Abschottung ihres Privatlebens, die sie einerseits bedauerte, gab ihr andererseits genügend Freiraum, um wenigstens außerhalb der Studiomauern tun zu können, was sie wollte.

Zarah liebte große Feste. In ihrer Berliner Villa soll es oft hoch hergegangen sein, denn wenn sie einmal eine Party gab – das kam offenbar ziemlich oft vor –, dann fiel sie in jeder Hinsicht üppig aus.

Zarah hatte angeblich auf ihren Gästelisten immer nur Männernamen stehen, damit sie als einzige Frau im Haus die größtmögliche Aufmerksamkeit für sich hatte. Da nur wenige das Privileg hatten, in ihre Villa eingeladen zu werden, fing es in der Gerüchteküche bald zu brodeln an. Unter Zwei-Meter-Männern, hieß es damals in Filmkreisen, mache sie es nicht. Daß ihre Parties Orgien waren, war richtig, zumindest was das Essen und die Getränke anbelangte. Serviert wurde nur vom Feinsten, vor allem Delikatessen, die auf dem freien Markt schon längst nicht mehr zu haben waren. Der Alkohol floß reichlich, auch hier nur erlesene Tropfen. Zarah, die immer mit ihrem Gewicht zu kämpfen hatte, ließ bei ihren Festen Diätplan Diätplan sein und aß für drei. Ihr Fassungsvermögen ist noch heute beinahe sagenumwoben: Sie konnte nicht nur essen wie ein Scheunendrescher, sondern daneben noch trinken wie ein Bürstenbinder. Da sie von damenhafter Zurückhaltung nicht viel hielt, trank sie mit den anwesenden Männern um die Wette und machte einen äußerst zufriedenen Eindruck, wenn diese mit ihrer Trinkfestigkeit nicht mithalten konnten. Einer nach dem anderen gab klein bei oder sank völlig betrunken unter den Tisch oder in einem der schwarzen Sessel in sich zusammen. Zarah soll an solchen Abenden erst dann mit dem Trinken aufgehört haben, wenn sie garantiert die letzte war, die noch aufrecht auf den Füßen stehen konnte. Mit einem letzten Blick auf das angerichtete Chaos ging sie voller Genugtuung in ihr Bett.

Am nächsten Tag stellte sich neben der üblichen verkaterten Schwermut meist noch die Reue über ihre Gewichtszunahme ein. Zarah, die schon lange nicht mehr dem herrschenden Schlankheitsideal entsprach, machte vor jedem neuen Film eine radikale Abmagerungskur. Doch mit jedem Fest, das sie feierte, sammelte sie mehr überschüssige Pfunde an, und die Diäten mußten immer strenger und auch länger werden. Auf ihre geliebten Gewohnheiten konnte und wollte sie nicht verzichten, das sollte sich bald unangenehm bemerkbar machen.

Einbrüche

Kurz nach der Fertigstellung von *Heimat* stand Zarah Leander wieder vor der Kamera. Der Titel ihres neuen Films war *Der Blaufuchs,* und auf der Besetzungsliste standen neben dem ihren noch weitere vielversprechende Namen: Willy Birgel, Paul Hörbiger und Jane Tilden. Aus dem Versprechen wurde jedoch nichts, der Film dafür ein Reinfall, und zwar in jeder Hinsicht. Die Handlung war einfach läppisch. Zarah eine völlige Fehlbesetzung, und das Publikum wollte auch nicht so recht anbeißen.

Zarah spielt die Ilona Paulus, die arg vernachlässigte und entsprechend gelangweilte ungarische Frau eines zerstreu-

›Der Blaufuchs‹: Willy Birgel und Zarah Leander

Prachtweib meets Traummann: Willy Birgel und Zarah Leander in ›Der Blaufuchs‹

ten Professors (Paul Hörbiger als Stephan Paulus). Als sie von einem Verwandtenbesuch zurückkehrt, lernt sie unterwegs den feschen, schneidigen Tibor (Willy Birgel), einen Flieger, kennen. Unter Einsatz all seines Charmes schafft

„Der Blaufuchs"

Ufaleih

Zarah und Willy im ›Blaufuchs‹

er es, Ilona in seinem Wagen nach Budapest zurückfahren zu dürfen. Natürlich ist er Feuer und Flamme für diese schöne Frau. Er möchte sie unbedingt wiedersehen, doch gibt Ilona diesmal nicht nach: Schließlich ist sie ja eine verheiratete Frau.

Tibor Vary ist mit Stephan Paulus seit Jahren befreundet, weiß aber genausowenig, daß Ilona dessen Frau ist, wie diese, daß Tibor ihren Mann seit Jahren kennt. Ilona fühlt sich stark zu dem attraktiven Flieger hingezogen, gibt aber ihren Gefühlen nicht nach, obwohl sich in ihrer Ehe schon bald nach ihrer Rückkehr die alte Langeweile wieder einstellt. Ilonas Liebesqualen enden erst, als Lisi (Jane Tilden), eine Mitarbeiterin ihres Mannes, erfolgreich versucht, diesen für sich zu interessieren. Jetzt, wo Ilona davon überzeugt ist, daß Stephan eine geeignetere Lebensgefährtin gefunden hat, will sie der Versuchung nicht länger widerstehen. Damit das Happy-End nicht ganz so fade wird, werden noch einige Verwicklungen eingebaut, ehe sich Ilona und Tibor selig in die Arme sinken dürfen.

Zarahs Lied *Kann denn Liebe Sünde sein?* ist der einzige erinnerungswürdige Bestandteil dieses Films. Es ist heute noch vielen ein Begriff, sogar Leuten, die den Film gar nicht kennen, während vom Blaufuchs nur noch im Zusammenhang mit erlesenen Pelzmoden die Rede ist.

Nach dieser Filmkomödie machte Zarah ein paar Monate Pause. Da sie von den Qualitäten des *Blaufuchs*-Regis-

Zumindest im ›Blaufuchs‹ ist ihr die Entscheidung Paul Hörbiger oder Willy Birgel nicht schwergefallen

107

seurs Viktor Tourjansky gar nicht überzeugt war, führte in ihrem nächsten Film wieder der bewährte Carl Froelich Regie.

In *Es war eine rauschende Ballnacht* spielte Zarah zum ersten (zugleich zum letzten) Mal mit Marika Rökk zusammen. Katharina Alexandrowna (Zarah Leander) führt mit dem reichen Murakin (Aribert Wäscher) eine unglückliche Ehe. Sie kann ihren Mann nicht lieben, weil sie immer noch ihrer Beziehung zu einem jungen Komponisten nachtrauert. Dieser Komponist ist Peter Tschaikowsky (Hans Stüwe). Auch er kann seine einstige Liebe zu ihr nicht vergessen, und deshalb wiederum ist die junge Tänzerin Nastassja (Marika Rökk) unglücklich, denn ihre Liebe kann von Tschaikowsky ja nicht erwidert werden.

Katharina und Peter haben sich lange Zeit nicht mehr gesehen, als sie sich zufällig bei einem Maskenball in Moskau begegnen. Tschaikowsky ist zu diesem Zeitpunkt in Rußland noch völlig unbekannt. Er fleht Katharina an, ihren Mann zu verlassen, um mit ihm noch einmal von vorne zu beginnen. Katharina aber kennt ihre Pflicht und bleibt bei Murakin. Trotz ihrer Absage läßt sie Tschaikowsky jedoch nicht im Stich. Ohne daß dieser es ahnt, fördert sie mit dem Geld ihres Mannes seine Karriere.

Tschaikowsky ist verbittert und zieht sich vom Leben zurück. Alles, was ihm bleibt, ist nun seine Musik. Dank der eifrigen Unterstützung Katharinas schafft er tatsächlich den Durchbruch. Als er Jahre später in Moskau die Uraufführung seiner *Pathétique* selbst dirigiert, befindet sich auch Katharina, die sich mittlerweile von Murakin getrennt hat, im Auditorium. Tschaikowsky erleidet während der Aufführung seiner Symphonie einen Choleraanfall. Das Orchester bricht nicht ab, sondern spielt ohne Dirigent weiter; währenddessen stirbt Tschaikowsky in Katharinas Armen. Seine letzten Worte: »Wo sind die Posaunen?«

Mit den wahren Begebenheiten in Tschaikowskys Leben

Leo Slezak und Zarah Leander in ›Es war eine rauschende Ballnacht‹

hatte dieser Film nur wenig gemein. Erstens war Tschaikowsky nie ein begeisterter Ballbesucher, er war vielmehr ein düster vor sich hinbrütender, schwermütiger Mann. Darüber hinaus ist es sehr unwahrscheinlich, daß Tschaikowsky jemals wegen einer unerhörten Liebe zu einer Frau unglücklich war, denn weibliche Erotik wirkte auf ihn ebensowenig wie Frauen überhaupt.

Hätte man sich in *Es war eine rauschende Ballnacht* an die Wirklichkeit gehalten, dann hätte man Zarah Leanders heroisches Leiden darin nicht unterbringen können. Die Frage, wenn man sie sich bei der Ufa überhaupt gestellt hat, war schlicht und ergreifend: Wahrheit oder Leander? – Die Antwort ist dieser Film.

Es ist zugegebenermaßen kleinlich, einen Film für schlecht zu befinden, weil er von der Wirklichkeit zu stark ab-

*Zarah mit Film-Ehemann Aribert Wäscher in ›Es war eine rauschende
Ballnacht‹: von Liebe keine Spur*

weicht, doch selbst wenn man diesen Aspekt in den Hintergrund rückt, lassen sich immer noch so viele andere Schwächen nennen, daß das Urteil doch nicht günstiger ausfallen
kann. Die *Rauschende Ballnacht* war ein Opfer der vielen
Zwecke, die man mit ihr erfüllen wollte: Leander-Vehikel
– das hatten wir schon –, Ausstattungsfilm, Musikfilm, Re-
klame Rußlandromantik, natürlich die zaristisch geprägte.
Alles auf einmal geht eben nicht. Zarahs *Nur nicht aus
Liebe weinen* inmitten all der Tschaikowsky-Melodien be-
fremdet ein wenig. Außerdem wird diesem wunderbaren
Lied dadurch viel von seiner Wirkung genommen. Daß sie
außerdem schon wieder das Prachtweib spielte, dem der
Mumm – in Wahrheit ist es doch nichts anderes – fehlt, das
dämliche Pflicht- und Treuegedusel abzulegen, geht einem
in diesem Film wirklich kolossal auf die Nerven.

Es war eine rauschende Ballnacht wurde zwar kein Mißerfolg, maß man aber die Reaktion des Publikums an der Begeisterung, die es bei ihren ersten drei Filmen, allen voran *Heimat,* gegeben hatte, dann konnte keiner der Beteiligten über die *Rauschende Ballnacht* glücklich sein.

Die Uraufführung dieses Films fand am 15. August 1939 statt, und schon am 17. November desselben Jahres hatte ihr nächster Film Premiere: *Das Lied der Wüste.* Sich an

Zarah als Grace Collins in ›Das Lied der Wüste‹

diesen Film zurückzuerinnern, war Zarah Jahrzehnte später immer noch peinlich. Sie soll ihn deshalb selbst verreißen dürfen: »Als der Film abgedreht war, konnte man noch nicht genau wissen, wie schlecht er eigentlich war, ahnte jedoch nichts Gutes ... Dafür, daß man das *Lied der Wüste* nach dem Krieg verboten hat, bin ich nur dankbar. Allerdings zweifle ich daran, daß die Kommission, die diesen Film auf die schwarze Liste setzte, ihn je gesehen hat. Der Film war so himmlisch dumm, daß er unmöglich schaden konnte – außer denen, die darin mitspielten.« Und weil's so schön war, gleich noch eins drauf, diesmal von der Katholischen Filmkommission: »... kein antibritischer Ten-

„Lied der Wüste"

›Das Lied der Wüste‹

›Das Lied der Wüste‹

denzfilm, sondern eine durch und durch schmalzige Orientabenteuerkolportage. Zarah Leander (37) führt sich wie ein verzücktes Schulmädchen auf. Ebenso schwülstig ihre Lieder, die keinen Anklang fanden.« Selbst der Zarah-Verehrer Curt Riess ließ kein gutes Haar an diesem Film: »Aber was nach der *Rauschenden Ballnacht* kam, war noch viel schlimmer. Es war *Das Lied der Wüste*. Das spielte in der Wüste Sahara, und auch, daß dieser öde Landstrich durch Zarah Leander bevölkert wird, machte den Film nicht schmackhafter. Es wird ein Durchfall mit Pauken und Trompeten.«

Der Inhalt dieses ausnahmslos negativ beurteilten Films ist schnell nacherzählt: Der schwedische Ingenieur Nic Brenten (Gustav Knuth) baut in Nordafrika für einheimische Auftraggeber ein Kupferbergwerk. Der englische Finanzmanager Sir Collins (Friedrich Donin) versucht, über ihn

Gustav Knuth und Zarah Leander in ›Das Lied der Wüste‹

an die Schürfrechte heranzukommen. Sir Collins' Stieftochter (Zarah Leander) lernt Nic Brenten kennen und verliebt sich in ihn. Brenten fordert die Beduinen auf, ihren Rechtsanspruch zu verteidigen, stiftet sie also zum Aufruhr an. Dafür droht ihm die standrechtliche Erschießung durch eine britische Patrouille. Zarah lenkt durch

ihren Gesang die Aufmerksamkeit der Briten lange genug
auf sich, um den herbeigeeilten Beduinen die Möglichkeit
zu geben, ihren Verbündeten vor der Exekution zu retten.
Als Sir Collins von arabischen Freiheitskämpfern ermordet wird, steht dem jungen Glück nichts mehr im Weg.
Zarah war mit diesem Film am Tiefpunkt ihrer Karriere im
Dritten Reich angelangt. Der nächste Film war allerdings
kaum besser. Er hieß *Das Herz der Königin* und erzählt in
stark gestraffter Form das Leben der schottischen Königin
Maria Stuart. Es handelte sich dabei zugleich um den teu-
ersten Film, in dem Zarah bis dahin mitgewirkt hatte. Man

Zarah als Maria Stuart in ›Das Herz der Königin‹

Zarah und Friedrich Benfer in ›Das Herz der Königin‹

hoffte offenbar, durch eine aufwendige Inszenierung die Serie der mißlungenen Leander-Filme beenden zu können. Regie führte Carl Froelich, und die männliche Hauptrolle als Lord Bothwell spielte der eitle Birgel. Die Dreharbeiten waren angesichts der pomphaften Ausstattung eine echte Prüfung für Zarah: »Man mauerte mich in so prächtige und unmenschliche Kostüme ein, daß Maria Stuart rasend geworden wäre. Besonders unförmig war ein Paradegewand mit dem berühmten hochstehenden Stuartkragen, der mir wie ein Mühlstein um den Hals saß. Die Schleppe war lang wie ein Heringsnetz. Ich war gezwungen, von früh bis spät aufrecht zu stehen, nicht einmal während der Mittagspause konnte ich das Kostüm loswerden, denn dann hätte man Perücke und Schminke erneuern müssen. Ich bin keine zarte und zerbrechliche Lilie, aber als selbst meine Riesenkräfte versagten und ich drauf und dran war, ohnmächtig zu werden, konstruierte man mir zum Ausruhen eine Art Galgen. Ich hing daran wie auf Krücken.«

Die Ochsentour hat sich für Zarah nicht gelohnt, denn sie macht den ganzen Film hindurch eine unglückliche Figur. Diesmal hatte sie eindeutig zu spät mit ihrer Abmagerungskur begonnen. Auch wenn man die Wirkung der üppigen Kostüme nicht unterschätzen darf, war damit doch der Eindruck, daß sie einige Pfunde zuviel auf den Rippen hatte, nicht zu verwischen. Aber nicht nur ihr Äußeres stört in diesem Film über die Maßen, auch ihre Gesangs-

Lotte Koch, Zarah Leander und Friedrich Benfer in ›Das Herz der Königin‹

einlagen paßten überhaupt nicht in die Szenerie. Welch Wunder, daß auch dieser Film durchfiel.

Nun war guter Rat teuer. Wenn es so weiterging, dessen war man sich in der Chefetage der Ufa sicher, dann würde Zarah Leander innerhalb kürzester Zeit ihren Star-Status verlieren. Noch ein einziger Flop, und es wäre soweit. Die Mißerfolge, auch das wußten die Verantwortlichen bei der Ufa, waren keinesfalls ihr anzulasten, das lag schon eher an den seichten Drehbüchern, vielleicht auch an den Regisseuren.

Zarah selbst hatte die Freude an ihrer Arbeit verloren. Man hatte ihr einfach zu viele schlechte Rollen gegeben, Rollen, in denen sie selbst bei überdurchschnittlicher Begabung nicht hätte überzeugend wirken können. In ihren Augen gab es nur eine einzige Möglichkeit, den Karren wieder aus dem Schlamm zu ziehen, und das war der Einsatz eines neuen, weniger konventionellen Regisseurs. Sie dachte dabei in erster Linie an Rolf Hansen, den sie als Regieassistent Carl Froelichs kennengelernt hatte. Sie teilte den Verantwortlichen von der Ufa mit, daß sie ihren nächsten Film gerne unter Rolf Hansens Regie drehen würde, und sie bekam ihren Willen, obwohl Hansen bei Goebbels nicht gut angeschrieben war. Hansen hatte nämlich mit *Ultimo* (Eine Frau fürs Leben/Das Leben kann so schön sein, 1938) gegen die herrschende Ideologie verstoßen. In diesem Film macht sich ein Ehepaar (Ilse Werner und Rudi Godden) Sorgen über die Zukunft seines ungeborenen Kindes. Da die Lebensumstände in Deutschland in den Augen der Naziherren keinen Grund zur Besorgnis abgeben konnten, weil man sich keine idealeren denken konnte – auch nicht durfte –, wertete man Hansens Film als defätistisches Machwerk. Aus Angst, daß dieser realistische Blick auf die soziale Lage in manchen Ecken des Deutschen Reiches die Kinobesucher allzusehr beeindrucken könnte, veranlaßte Goebbels, daß der Film einen Tag nach der Premiere abgesetzt wurde.

Daß Zarah unter diesen Umständen mit ihrer Vorstellung durchdringen konnte, war nur der akuten Gefahr zu verdanken, in der sich der teuerste Ufa-Star befand. Selbst Goebbels war zu einigen Kompromissen bereit, um die Ausnahmestellung der Schwedin zu erhalten. Schließlich war sie das letzte Aushängeschild, das man sowohl den Deutschen als auch dem Ausland zu bieten hatte. Ohne sie, so glaubte man, würde die deutsche Filmindustrie im provinziellen Mief versinken.

Kameramann Franz Weihmayr und Zarah Leander während einer Drehpause in den Babelsberger Filmstudios

Die Ära Hansen

Rolf Hansen, um es vorwegzunehmen, war ein Segen für Zarah Leander. Er bewirkte eine Veränderung in ihrer Darstellungsfähigkeit, die nur noch eingefleischte Optimisten für möglich gehalten hatten: Zarah wirkte in ihren letzten drei Ufa-Filmen wieder genauso überzeugend wie in den ersten dreien.

Hansen sorgte erst einmal dafür, daß Zarah bessere Drehbücher zur Auswahl bekam. Das soll nicht heißen, daß sie nun Weltklasse waren, aber sie ersparten Zarah zumindest so peinliche Auftritte wie die der Wüstensingmaus Grace Collins in *Das Lied der Wüste,* der singenden Maria Stuart oder der schmachtenden Wehmutsdrossel Katharina in *Es war eine rauschende Ballnacht.* Der sicherlich wichtigste Beitrag zu ihrem neuen Aufschwung war Hansens erfolgreicher Versuch, sie schauspielerisch zurückzunehmen. Ein Regisseur, der es zuließ, daß ihr Temperament überschäumte, hätte auch den besten Stoff verspielt; so aber schaffte es Hansen, selbst mittelmäßige Geschichten dadurch aufzuwerten, daß er Zarah auf sie selbst reduzierte: Sie mußte nur noch – wie im wesentlichen schon in ihren ersten drei Ufa-Streifen – sich selbst spielen, und das stand ihr am besten.

Mit *Der Weg ins Freie* setzte Hansen dieses Konzept zum ersten Mal erfolgreich um. Dieser Film spielt in der ersten Hälfte des 19. Jahrhunderts an zwei Hauptschauplätzen. Einmal im Wien des Fürsten Metternich, dann auf einem abgelegenen Gutshof in Pommern. Zarah spielt die Opernsängerin Antonia Corvelli.

Ihr Mann (Hans Stüwe) verlangt von ihr, die gerade den Höhepunkt ihres Ruhms erreicht hat, ihren Beruf aufzugeben, um an seiner Seite in Pommern das Leben einer braven Ehefrau zu führen. Die Aussicht, in dieser gottverlassenen Gegend nur noch die Rolle der Gutsbesitzersgattin

*Zarah Leander spitzenbetont als Antonia Corvelli in dem Film
›Der Weg ins Freie‹*

Walter Ludwig, Hilde von Stolz, Siegfried Breuer und Zarah in ›Der Weg ins Freie‹

zu spielen, sich ganz auf Familie und Landwirtschaft konzentrieren zu müssen, ist ihr unerträglich. Ohne ihren
Beruf, das fühlt sie, kann sie nicht sein. Ohne es ihrem
Mann zu sagen, verlängert sie deshalb ihren Vertrag. Als er
davon erfährt, stellt er sie ultimativ vor die Entscheidung,
entweder auf ihn oder auf ihre Karriere zu verzichten. Er
reist allein zurück auf sein Gut; sie bleibt allein zurück.
In Wien wird sie durch den Grafen Oginski (der ewige Bö-
sewicht Siegfried Breuer), ihren ehemaligen Geliebten, in
eine üble Affäre hineingezogen. Als Antonia keinen anderen Ausweg mehr sieht, täuscht sie einen Selbstmord vor,
um danach zurückgezogen in der Schweiz zu leben. Nach
vielen Zwischenstationen kommt sie Jahre später wieder

nach Pommern auf das Gut ihres Mannes. Der hatte sie tot geglaubt und deshalb wieder geheiratet; mit seiner zweiten Frau hat er auch ein Kind. Um ihren Mann nicht in eine gefährliche Lage zu bringen und um sein Leben nicht noch einmal zu zerstören, nimmt sie sich durch Gift das Leben. Der Film wurde ein großer Publikumserfolg, und die Ufa mußte nun ihre letzten Bedenken gegen Rolf Hansen aufgeben. Es war selbstverständlich, daß man ihm auch für den nächsten Film Zarahs die Regie übertrug.

In *Die große Liebe* spielte Zarah wieder mit ihrem Lieblingspartner Viktor Staal zusammen, mit dem sie ein paar Jahre zuvor mehr verbunden hatte als nur Sympathie und der gleiche Beruf.

Viktor Staal spielt den Oberleutnant der Luftwaffe Paul Wendland. Während eines Fliegeralarms lernt er im Luft-

›Der Weg ins Freie‹

Zarah in ›Die große Liebe‹, am Flügel Paul Hörbiger

schutzkeller die Varietésängerin Hanna Holberg (Zarah Leander) kennen. Beide wissen sofort: es ist die große Liebe. Wäre nicht Krieg, dann wäre diese Geschichte schnell zu Ende erzählt, weil sie ohne große Umwege in die Ehe führen würde; durch den Krieg aber ergeben sich immer wieder neue Komplikationen, die den Zuschauer um das gemeinsame Glück der beiden zittern lassen. Während nämlich Wendland Einsätze fliegen muß, die ihn bis nach Afrika führen, wechselt Hanna Holberg von einer europäischen Metropole zur anderen. Sie weiß nicht, daß er in Afrika eingesetzt ist, und wartete vergeblich auf ein Lebenszeichen. Als er sie nach seiner Rückkehr in ihrer Berliner Wohnung besuchen will, weilt sie gerade in Paris, wo sie ein Konzert für die deutsche Wehrmacht gibt. Schließlich gelingt es ihnen, sich auf einen Hochzeitstermin zu einigen, doch der platzt, weil Wendland am Polterabend einen neuen Einsatzbefehl erhält. Hanna ist enttäuscht und nimmt ein Engagement in Rom an. Wendland nutzt seinen Urlaub, um sie dort zu besuchen, bricht aber nach wenigen Tagen seinen Urlaub ab, weil der Krieg mit Rußland begonnen hat. Daß er sich freiwillig zur Front zurückmeldet, nimmt Hanna ihm sehr übel, und es kommt beinahe zum Bruch. Für soviel Pflichterfüllung und Vaterlandsliebe hat sie kein Verständnis, schon gar nicht, wenn sie darunter leiden muß.

Als sie erfährt, daß er verwundet wurde, eilt sie sofort ins Lazarett. Beim Anblick all der Verwundeten wird ihr klar, daß sie, genauso wie Millionen andere deutsche Frauen,

Jakob Tiedtke, Grethe Weiser und Zarah in › Die große Liebe‹

kein Recht hat, in diesen schweren Zeiten nur an sich und ihre Liebe zu denken. Geduld und Treue: das ist nun gefordert! Mit dieser Einsicht Hannas steht einem glücklichen Ende nichts mehr im Wege.

Zarah sang in diesem Film die Lieder *Davon geht die Welt nicht unter* und *Ich weiß, es wird einmal ein Wunder geschehn,* Lieder, die 1942 nur als musikalische Durchhalteparolen verstanden werden konnten. *Die große Liebe* ist in vieler Hinsicht ein Erziehungsfilm: Zarah predigte mit der Rolle der Hanna Holberg mittelbar die Tugenden, die damals angesagt waren. Kein Wunder also, daß *Die große Liebe* als »staatspolitisch, künstlerisch und volkstümlich

Viktor Staal und Zarah in ›Die große Liebe‹

›Die große Liebe‹

wertvoll« erklärt wurde. Er wurde Zarahs erfolgreichster
Film. Bis zu Zarahs endgültiger Rückkehr nach Schweden
hatten ihn beinah siebenundzwanzig Millionen Menschen
gesehen.

Die Auswirkungen des Weltkriegs wurden mit der Som-
meroffensive an der Ostfront 1942 immer drückender. Es
gab kaum eine Familie, in der nicht mindestens ein männliches Mitglied weit weg von zu Hause im Einsatz war. Was
Zarah und Viktor Staal in der *Großen Liebe* vorführten,
kannte fast jede Frau. Daß die Geschichte gut ausging,
weckte bei jeder einzelnen von ihnen Hoffnung; und selbst
wer daran zweifelte, daß dieser Krieg für ihn/sie persönlich

Zarah/Vera Meiners wird von ihrem eifersüchtigen Mann (Hans Stüwe) bei einer folgenschweren Lüge ertappt: ›Damals‹

oder für Deutschland ein gutes Ende nehmen würde, der bekam den Glauben an ein Wunder suggeriert. Nach dem Zusammenbruch verhängten die alliierten Siegermächte ein Vorführungsverbot über diesen Film. Bis heute wird er fast nur in einer »gereinigten« Version gezeigt, also ohne die einschlägigen »Durchhalte«-Szenen.

Am 5. März 1943 hatte Zarah Leanders neunter und letzter Ufa-Film Premiere. Regie hatte wieder Rolf Hansen geführt, dem Zarah schon während der Dreharbeiten anvertraut haben will, daß sie Deutschland verlassen wolle. Die Lage im Land hatte sich seit dem Sommer 1942 dramatisch verschlechtert. Die Offensive in Rußland hatte sich im harten Winter verlaufen, die Schlacht bei Stalingrad mehr als hunderttausend Menschenleben gefordert. Alle Energien waren nun auf den Krieg konzentriert, und die Versorgungslage wurde immer schlechter. Die Menschen froren und hungerten, während aus der Luft Bomben auf die deutschen Städte niedergingen. Zum Mangel kam die Angst ums nackte Leben. Zarah spürte von all dem wenig. Sie schottete sich in ihrer Villa weitgehend von der Außenwelt ab und aß und trank vom Besten.

Auch in *Damals* ist vom Krieg nichts zu spüren. Ausgangspunkt der Handlung ist eine südamerikanische Hafenstadt. Man sieht eine Frau verstohlen aus einem Hotelzimmer schleichen. Bald stellt sich heraus, daß in diesem Zim-

Als Ärztin folgt Zarah ihrem Gewissen und nicht ihrer Gehorsamspflicht. Das hat böse Folgen: ›Damals‹

mer der Versicherungsagent Frank Douglas ermordet wurde. Eine auffällige Brosche führt die Ermittler zu der Ärztin Gloria O'Connor (Zarah Leander). Obwohl sie unter dem dringenden Verdacht steht, diesen Mann ermordet zu haben, verweigert sie die Aussage. Erst einmal kommt ans Licht, daß sie gar nicht Gloria O'Connor sein kann, da diese seit Jahren tot ist. Als die Verdächtige auch zu ihrer wahren Identität keine Angaben machen will, gibt die Polizei einen internationalen Steckbrief heraus. Aus den Reaktionen auf ihn läßt sich Stück für Stück das Leben dieser Frau rekonstruieren: Gloria O'Connor heißt in Wirklichkeit Vera Meiners. Vor mehr als einem Jahrzehnt war sie die glückliche Ehefrau eines Lübecker Rechtsanwalts. Alles schien perfekt, bis sich eines Tages ein ehemali-

Zarah in ›Damals‹

Der Höhepunkt ihres Leidens: Zarah landet im Gefängnis, weil sie ihre Unschuld nicht beweisen kann – ›Damals‹

ger Freund Veras wieder meldet und sie um ein Rendez-vous bittet. Vera, die weiß, wie eifersüchtig ihr Mann (Hans Stüwe) ist, trifft sich mit Frank Douglas heimlich in Hamburg, um ihm zu sagen, daß ihre Trennung endgültig sei. Ihrem Mann hat sie erzählt, daß sie nach Kopenhagen zu ihrer Mutter fahre. Pünktlich, als wäre sie mit dem Zug aus Kopenhagen gekommen, ist sie wieder zu Hause. Sie weiß allerdings nicht, daß dieser Zug entgleist ist und bestätigt deshalb ihrem Mann auf dessen mehrmalige Nachfrage, daß sie mit diesem Zug gefahren sei. Meiners fühlt sich belogen und betrogen und kündigt ihr für immer sein Vertrauen auf. Vera verläßt mit ihrer kleinen Tochter in Schimpf und Schande das Haus.

Ihre nächste Station ist die Schweiz. Sie hat mittlerweile ihr Medizinstudium abgeschlossen und praktiziert als Assistenzärztin. Gegen das ausdrückliche Verbot ihres Professors veranlaßt sie eine Operation an einem kleinen Mädchen, das ihrer Ansicht nach ohne diesen Eingriff nicht die geringste Überlebenschance hätte. Das Kind wird gerettet, doch ihre Eigenmächtigkeit muß sie mit einem Berufsverbot bezahlen.

Um sich und ihre Tochter über Wasser halten zu können, tritt sie nun in einer Varieté-Show auf. Dort trifft sie Frank Douglas wieder, der ihr verspricht, sie als Krankenpflegerin in Südamerika unterzubringen. Sie muß sofort aufbrechen und für diese neue Chance ihre Liebe zu dem Varieté-Clown (Rossano Brazzi) verleugnen. Auf der Quarantänestation begegnet sie der Ärztin Gloria O'Connor, die bald darauf an Typhus stirbt. Von ihr hat sie die Papiere bekommen.

Vera ist noch immer unter Mordverdacht, als ihr Ex-Mann eintrifft. Durch seine Tochter (Hilde Körber) kommt er auf den wirklichen Tathergang und findet schließlich den Mörder. Das Schlußbild ist nicht eindeutig, doch es legt nahe, daß die drei nach den leidvollen Jahren, die hinter ihnen liegen, wieder zusammenfinden.

In dramaturgischer Hinsicht ist dieser Film sicher Zarahs bester und dichtester. Mosaikstein für Mosaikstein wird ein einleuchtendes Gesamtbild zusammengesetzt. Der Sprung vom großen Leid zur (scheinbaren) Verruchtheit –

Jede Nacht ein neues Glück – gelingt mühelos, mit jedem Schauplatz zeigen sich neue Züge an Zarah. Sie hat ganz gewiß alle Erwartungen erfüllt. Ob dieser Film auch finanziell alle Erwartungen erfüllte, läßt sich nicht sagen, da er vorzeitig aus den Kinos genommen wurde. Zarah verließ sechs Wochen nach der Premiere von *Damals* Deutschland; von da an tat man so, als habe es sie nie gegeben.

Zarah Leander und die Sehnsucht der Deutschen

Warum machte gerade Zarah Leander diese erstaunliche Karriere – und weshalb gerade im Dritten Reich? Warum hat gerade die Ufa sie zur Leinwanddiva aufgebaut und nicht etwa die schwedische Filmindustrie?

Auf den ersten, oberflächlichen Blick leuchtet es nicht ohne weiteres ein, daß Zarah Leander gerade in Deutschland so bejubelt wurde. Die Rassenlehre der Nationalsozialisten verherrlichte schließlich einen anderen Frauentypus: das blonde Real-Weib, gebärfähig, arbeitswillig und direkt, also nicht im mindesten geheimnisvoll. In ihrem Erscheinungsbild wich Zarah völlig von dieser Vorstellung ab, doch die Qualitäten, für die sie in ihren Filmen stand, sie überzeugten sogar einen Goebbels, der selbst ja schließlich auch alles andere als der kraftstrotzende germanische Recke war (ebensowenig wie sein Chef Hitler).

Warum aber hat man bei der Ufa gar nicht erst versucht, etwa Kristina Söderbaum, Ilse Werner oder Marika Rökk groß herauszubringen? Die Antwort ist einfach: Die süßen Blondchens hatten zwar Temperament und Herz, aber das, was eine Diva ausmacht, das fehlte ihnen. Die einzige wirkliche Tonfilmdiva, die Deutschland je hervorgebracht hatte, wollte von Deutschland nichts mehr wissen und wurde ein Teil des Hollywood-Mythos. Goebbels hat wiederholt versucht, Marlene Dietrich zurückzulocken, ihr traumhafte Angebote unterbreitet oder unterbreiten lassen, doch der *Blaue Engel* zog nicht, zu verhaßt war ihm die Nazi-Kultur.

Die Ufa brauchte eine Galionsfigur, die vor und über allen anderen weiblichen Schauspielerinnen stand und dem Starsystem der Ufa den Glanz verlieh, den es dringend brauchte. Daß Zarah Schwedin war, war unbedingt von Vorteil. Dachte man damals an schwedische Schauspiele-

Zarah ganz entspannt auf ihrem Gut Lönö

rinnen, fiel einem sofort Greta Garbo ein. Die Garbo hatte
ihre internationale Karriere 1926 in Deutschland begonnen: in G. W. Pabsts *Die freudlose Gasse.* Eine wie sie
hätte man gerne gehabt, am liebsten natürlich die Göttliche selbst, doch Zarah Leander konnte man zum Ersatz
aufbauen; schließlich strahlte deren ebenmäßig-schönes
Gesicht die gleiche Tiefe aus wie das der Garbo. Schon dieses Gesicht schien die Garantie für ein außergewöhnliches
Starpotential zu sein.

Aus der Sicht ihres Publikums war Zarah nicht einfach ein
großer Star, sie war ein Stück große Welt, die den Deutschen mit zunehmender Dauer der Nazi-Herrschaft immer
ferner rückte. Außerdem war Zarah in den Jahren von
1933 bis 1945 die erste und einzige Schauspielerin, die sich

trotz reizvoller Angebote aus England und Amerika für Deutschland und damit nach dem Verständnis ihres deutschen Publikums für die Deutschen entschieden hatte. In Deutschland war man dafür sehr dankbar, denn der Exodus deutscher Filmschaffender nach Hollywood und anderswohin, der nach der Machtübernahme Hitlers eingesetzt hatte, hinterließ große Lücken. Mit Billy Wilder, Walter Reisch und Robert Liebmann hatte die deutsche Filmindustrie ihre besten Drehbuchautoren, mit Fritz Lang, Wilhelm Dieterle, Max Ophüls und Robert Siodmak ihre besten Regisseure, mit Hanns Eisler und Kurt Weill hervorragende Komponisten, mit Albert Bassermann, Asta Nielsen, Peter Lorre, Conrad Veidt hochbegabte Schauspieler verloren. Einige von ihnen hatten Deutschland noch 1933 verlassen, andere bis spätestens 1938/39, wie z. B. Detlef Sierck. Die Namensliste ließe sich noch um einiges verlängern, wollte man alle aufzählen, deren Auswanderung die Blütezeit des deutschen Films fast schlagartig beendete. Man konnte ihren Verlust nicht ausgleichen, aber man konnte ihn so gut wie möglich kaschieren: Am besten dazu eigneten sich Schauspieler, in deren Glanz man sich groß fühlte. Zarah stand an ihrer Spitze.

Man stelle sich doch einmal Kristina Söderbaum, die zweifelsohne herzerweichend leiden konnte, als Gloria Mills in *Zu neuen Ufern* vor! Abgesehen davon, daß sie nie und nimmer *Ich steh' im Regen* hätte singen können, war ihr Leid eben herzerweichend, während von Zarahs Leid immer Stärke ausging. Der große Kumpel Ilse Werner war von vornherein unvorstellbar gewesen, ganz zu schweigen von Marika Rökk, deren Hauptmerkmale eher in ihrer sagenhaften Ausdauer und ihrer nervtötenden Fröhlichkeit lagen.

Zarah Leanders Wirkung beruhte auch auf ihren griechisch-klassischen Körpermaßen, die ihren Bewegungen eine beeindruckende Gravität verliehen. Eine Diva hüpft eben nicht, sie gluckst auch nicht, sie ist Zoll für Zoll

Dame. Sie war kein Mädel, sondern eine reife Frau, die mit ihrem Körper und ihrer Stimme eine Sinnlichkeit ausstrahlte, die mit dem Leid, das ihr widerfuhr, noch wuchs, anstatt, wie das bei der Söderbaum die Regel war, ins Grämliche abzugleiten. Zarah verlor nie die *contenance*, sie blieb immer stark, ihr Stolz immer ungebrochen.

Das gleiche kann man von Marlene Dietrich sagen, allerdings gibt es zwischen ihr und Zarah Leander einen wesentlichen Unterschied: Der Dietrich fehlte jede Volkstümlichkeit, sie war schon in den zwanziger Jahren eher eine Intellektuellen-Heroine, während Zarah Leander bei allem divenhaften Gepräge mehr ein Star war, den man über seine Rollen zu sich heranholen konnte. Zarah stand mit ihrer madonnengleichen Geduld dem Schicksal gegenüber für eine Art Tapferkeit, mit der jeder einzelne die Tiefschläge des Schicksals gerne wegstecken möchte; und wie viele solcher Schläge hatten die Deutschen seit 1918 wegstecken müssen! Zarah war eine wandelnde Gebrauchsanweisung, Marlene war dafür zu verrucht, auch zu lebensfern.

Die Schwedin Zarah Leander verkörperte darüber hinaus in ihren Filmen alle deutschen Tugenden, die entweder die Nationalsozialisten ihrem Volk einbleuten oder die das Klischee ihm anhängt: Tapferkeit, Treue, Aufopferungsbereitschaft und nicht zuletzt Lustverzicht. In beinah all ihren Filmen stand sie am Ende oder gleich von Anfang an als Geläuterte vor ihrem Publikum. Ausgangspunkt ihres Unglücks waren nahezu immer Fehler, die sie aus Liebe begangen hatte, wie sie also jeder machen konnte, vielleicht sogar gern machen würde. Für diese Fehler mußte sie immer schwer büßen. Wie es für Melodramen typisch ist, wird sie für eine Missetat – ob sie überhaupt als solche zu bewerten ist oder nicht – nicht nur einmal bestraft; vielmehr vergrößert sich die Strafe nach dem Schneeballprinzip: Ein Schicksalsschlag folgt dem anderen, und der nachfolgende ist immer noch größer als der vorhergehende, so lange, bis sie glaubt, das Schicksal wolle sie erdrücken. Trotzdem: Sie hält durch und macht ihrem Leben nur dort ein Ende, wo sie einem ihr nahestehenden Menschen damit helfen kann *(Der Weg ins Freie),* und nicht etwa, weil sie ihren Kummer nicht mehr erträgt.

Zarah Leander wurde oft als die große Geliebte, ja sogar als die größte Geliebte des deutschen Films bezeichnet. Das ist falsch. Zarah ist in keinem ihrer Filme die große Geliebte, sie ist immer die große Liebende, die entweder für ihre Liebe kämpfen oder ihr entsagen muß oder von ihrem Geliebten verraten wird. Das Stadium, in dem sie wirklich noch Geliebte im Sinne eines nicht legitimierten Verhältnisses ist, hat sie in der fiktiven Leinwandgegenwart immer schon hinter sich. In all den Filmen, in denen sie eine solch »fragwürdige« Vergangenheit hat, sieht der Zuschauer sie nur als Leidende an und die glücklichen Tage lediglich in der Rückschau. Fünf von neun Ufa-Filmen *(Zu neuen Ufern, La Habanera, Heimat, Der Weg ins Freie, Damals)* handeln genaugenommen von nichts anderem als den schlimmen Folgen einer leidenschaftlichen Liebe, die außer Kontrolle geraten ist, also vor der Ehe zur Erfüllung der sexuellen Sehnsüchte geführt hat. Einmal landet sie deswegen im Zuchthaus, ein andermal im Ehegefängnis (hier dürfte das Verwerfliche nur darin bestanden haben, daß sie einer verläßlichen Liebe die leidenschaftliche vorzog – *La Habanera),* oder sie wird schwanger sitzengelassen. Die Lehren, die die verständige Zuschauerin daraus zu ziehen hat, sind eindeutig, haben aber mit nationalsozialistischer Volkserziehung nur wenig zu tun. Wichtig ist, daß sie in fast all ihren Filmen – Ausnahmen: *Der Weg ins Freie, Es war eine rauschende Ballnacht –* von einem Mann aus ihrem Elend herausgeholt wird. Aber was sind das für Männer?! Mit Leidenschaft kann man sie nur schwer in Zusammenhang bringen, weil sie weder leidenschaftlich sind noch jemals Objekt einer leidenschaftlichen Liebe sein könnten. Sie sind in der Regel das, was man so nichtssagend mit »sympathisch« umschreibt – und natürlich ziemlich uninteressant. Sicher, der Zuschauer freut sich über das Happy-End und das »stille Glück« der gehetzten Zarah, und die Freude daran ist – unbewußt natürlich – noch größer, weil diese schöne Frau da oben auf der Leinwand auch nur von einem Dutzendmann heimgeführt wird. Außerdem hat man wieder bestätigt bekommen, was man eh und schon immer wußte, nämlich daß schöne Männer ausgesprochen unzuverlässig und treulos sind. Man muß sich hier klarmachen, daß ein Willy Birgel damals ein Frauenschwarm, ja sogar ein Traummann war. Ferdinand Marian würde auch heute noch weitgehend dem idealtypischen Verführer und Herzensbrecher entsprechen; weshalb Zarah/Magda in *Heimat* einmal ein Verhältnis mit diesem von Keller hatte, das hat auch damals kein Zuschauer kapiert, genausowenig wie Magda im nachhinein – und so war es ja auch gedacht. Leidenschaft hat immer mit Blindheit zu tun, und vor lauter Blindheit sieht man nicht, in welches Unglück man gerade rennt. Alle Ufa-Filme Zarahs sind ganz nebenbei ein Plädoyer für die ehefähigen und -willigen Männer, auf die Verlaß ist, und zugleich eine Warnung an die Frauen, doch keinesfalls unüberlegt dem schönen Schein nachzugeben oder ihm gar nachzujagen: Die Männer, die ihr habt, sind sowieso die besten! In diesem Punkt haben Zarahs Filme etwas sehr Tröstliches, weil sie vielen vor Augen führten, daß es einem noch viel schlechter gehen könnte.

Hätten Zarahs Filme jedoch nur zu dieser Erkenntnis geführt, wäre sie nichts anderes als eine weitere weibliche Banalität im Ufa-Zirkus gewesen; Zarah aber gelang es durch ihr schwermütiges Pathos mühelos, ihre Filme über die Qualität des Alltäglichen hinauszuheben. Zudem spielten fast alle ihre Filme vor exotischen Kulissen, und auch sie selbst durfte exotisch sein. Dieser Eindruck wurde dadurch verstärkt, daß sie oft die »rassige« Fremde verkörperte; sie spielte nur zwei mal eine Deutsche.

Zarah Leander wirkte insgesamt auf die Sehnsucht der Deutschen in zweierlei Weise: beschwichtigend und als Erfüllung. Beschwichtigend wirkte sie dort, wo sich ihr Publikum mehr oder weniger dringend veränderte Lebensumstände erhoffte, und als Erfüllerin dort, wo sie andere Erdteile oder einfach andere Milieus ins Haus brachte. Zarah Leander hatte darüber hinaus eine geschlechtsübergreifende Wirkung. Ihre Botschaften betrafen ihr männliches Publikum ebenso wie ihr weibliches, das war ihr Erfolgsgeheimnis.

Die Ohnmacht des Gewissens

Zarah Leander als ein Produkt des Dritten Reichs oder der nationalsozialistischen Filmpolitik anzusehen wäre sicherlich falsch, dafür war sie in ihrer Heimat schon viel zu berühmt. Dennoch, und das ist sicher keine allzu kühne Behauptung, wäre sie in keinem anderen Land ein Top-Star geworden. Mit ihrem Geschrei von der Größe des deutschen Volkes, von der deutschen Tiefe usw. hatten die Nationalsozialisten für die pathosgeladene Stimmung gesorgt, in die Zarah mit ihrem divenhaften Flair ideal hineinpaßte; sie hatten ihr indirekt sogar den Weg an die Spitze der Ufa freigeräumt, denn alle, die vor Zarah rangiert hätten, hatten der politischen Unmoral im eigenen Land das Exil vorgezogen.

Zarah selbst hat nie Zweifel daran gehabt, daß die Ufa sie zur Ersatz-Dietrich oder Ersatz-Garbo aufbauen wollte. Sie nahm das hin, ohne sich je zu fragen, weshalb diese beiden mit Deutschland nichts mehr zu tun haben wollten und ob sie sich nicht zu gut dafür sein sollte, genau das zu tun, was andere kategorisch ablehnten. Statt dessen überlegte sie sich, welche Sprachschwierigkeiten sie in anglophonen Ländern haben würde und welchen Rang in deren Starsystem – sofern es überhaupt eins gab – sie maximal einnehmen könnte. Die Aussicht, dort niemals ganz oben zu stehen, genügte ihr, um sich in den Dienst eines Systems stellen zu lassen, das die Menschen nicht nach Können, sondern nach politischer Einstellung und Religion bewertete. Mag sein, daß es ihr nicht bewußt war, aber sie hat kühl die Lücken genützt, die dieses System unter anderem in die Filmindustrie gerissen hatte. Es fällt leichter, für einen Mann wie Emil Jannings Verständnis aufzubringen, diesen großartigen Charakterdarsteller, der nur mit der deutschen Sprache leben konnte, wie er meinte. Aber für Zarah Leander? Für sie war die deutsche Sprache kein lebenswichtiges Element. Auch ihre Entschuldigung, daß sie so nahe wie möglich bei ihrer Familie arbeiten wollte, klingt im nachhinein geradezu wie eine Verhöhnung derer, die durch die Nationalsozialisten fast alle Familienangehörigen in deutschen Konzentrationslagern verloren.

Freilich hielt sich Zarah immer zugute, daß sie Distanz zu den Repräsentanten des Nationalsozialismus gehalten habe. In der Öffentlichkeit, so Zarah, habe sie sich mit ihnen so selten wie möglich zusammen gezeigt. Vermutlich wußte sie doch sehr genau, mit wem sie es zu tun hatte – oder hatten sie der *grande dame* einfach nur zu wenig Stil?

Zarah behauptete, daß es ihr nicht ums Geld gegangen sei, als sie sich mit der Ufa einließ. Schließlich hätte man ihr in Hollywood wesentlich mehr geboten. Selbst wenn das stimmen sollte, wäre sie nicht entschuldigt, weil dann nur noch das Argument Idealismus übrigbliebe, und das nimmt ihr bestimmt kein Mensch ab, denn Zarah und Idealismus waren zwei unvereinbare Phänomene.

Zarah wollte auch nicht einsehen, daß sie für die Nationalsozialisten ein propagandistisch verwertbarer Import war, daß mit ihrer Verpflichtung der Schmerz der Deutschen über die zunehmende kulturelle und politische Isolierung ein wenig zu lindern war.

Anstatt sich mit einem bescheideneren Aufstieg zu begnügen, diente sie, wenn auch nur indirekt, den Nationalsozialisten. Sie empfand auch keine Scham dabei, wenn sie Einladungen von Goebbels, Hitler oder Göring annahm. Sie war eben ein Star, und für sie war es nur eine Frage von Professionalität, sich mit allen zu treffen, die ihre Karriere fördern oder ihr gefährlich werden konnten.

Dafür, daß sie trotz einiger Warnungen weiterhin Kontakt zu Homosexuellen hatte, fand sie sich sehr couragiert. Der Ton, in dem sie in ihrer Autobiographie eine kurze Unterredung über ihre homosexuellen Bekannten schildert, klingt unerträglich selbstgefällig: »Viele Menschen haben sich über meine Freundschaften mit homosexuellen Männern gewundert. Ich habe diese Freundschaften sogar während des Kriegs aufrechterhalten und wurde deshalb einmal zum Chef der Ufa gerufen. Er warnte mich vor dem Umgang mit Homosexuellen. Doch ich weigerte mich hartnäckig, mir in dieser Frage Vorschriften machen zu lassen. Meine Freunde in der Freizeit suche ich mir selbst aus. ›Es kann zu schrecklichen Komplikationen kommen‹, fügte der Ufa-Chef hinzu. ›Bitte, das nehme ich in Kauf‹, antwortete ich damals. ›Als Schwedin habe ich eine andere Auffassung als Sie. In Schweden haben wir eine offenere Moral, nicht unbedingt eine freiere, aber eine offenere.‹«

Was dann kommt, ist beinahe noch schlimmer: »Ich bin immer der Ansicht gewesen, daß Homosexuelle Menschen sind wie wir anderen. Sie unterscheiden sich von uns nur auf einem Gebiet, nämlich in ihren sexuellen Auffassungen und Gewohnheiten. Und wie viele große Persönlichkeiten der Menschheitsgeschichte waren homosexuell! Ich könnte zahlreiche geniale Menschen nennen, Künstler, Schriftsteller, Schauspieler, Maler, Architekten, Philosophen, ja sogar Könige. Dennoch genossen sie Achtung, Verehrung, Liebe und Bewunderung der Menschen, die sie kannten. Meine schwedische Moralauffassung sagt mir, daß wir uns nicht aufs hohe Roß setzen und mit dem Finger auf jene Menschen zeigen dürfen, die anders leben.«

Zarah Leanders schwedische Moralauffassung muß – mit Verlaub – eine ganz schön verlogene gewesen sein: Sie hielt zu ein paar Homosexuellen, weil sie ihr Recht wahren wollte, sich ihre Freunde selbst aussuchen zu können. Gut und schön, warum ist sie aber nie für die Homosexuellen als gefährdete gesellschaftliche Minderheit eingetreten, nicht nur für die wenigen, die das Privileg genossen, zu ihrem Bekanntenkreis zu gehören? Zarah wußte zweifelsohne, daß ihnen allen ein schreckliches Schicksal bevorstand.

Zarah hätte sich sicher nicht selbst in Gefahr gebracht, wenn sie für diese Menschen eingetreten wäre, sie hätte höchstens riskiert, daß man ihr ihren Vertrag bei der Ufa vorzeitig aufkündigte. Mehr wäre ihr nie passiert. Die Nationalsozialisten hätten sie weder verschleppt noch ins Gefängnis gesperrt, das taten sie nicht einmal 1943, als sie gegen den Willen des wutschnaubenden Goebbels das Land mit all ihrem Hab und Gut verließ. Die Furcht, wegen Zarah Leander in diplomatische Verwicklungen zu geraten, war viel zu groß.

Zarah hätte also allenfalls auf ihr luxuriöses Stardasein im Hitlerdeutschland verzichten müssen, wenn sie sich über das Pochen auf ihre individuellen Rechte hinaus für gefährdete Personengruppen eingesetzt hätte. Natürlich heißt das nicht, daß sie an die Menschlichkeit der Nationalsozialisten hätte appellieren müssen, aber sie hätte zum Beispiel für Auslandskontakte und Fluchtadressen sorgen können. Wohlgemerkt: Zarah war die einzige Schauspielerin in Deutschland, die kommen und gehen durfte, wie sie wollte. Sie hat dieses Vorrecht nur für Familienbesuche genutzt.

Ihre schwedische Moral sagte ihr offenbar nie, daß für Juden genau das gleiche gilt wie für Homosexuelle, sieht man einmal von den sexuellen Gepflogenheiten ab. Auch für sie hat sie keinen Finger gekrümmt, ganz im Gegenteil, sie ist ihnen allen in den Rücken gefallen, als sie 1936, ein Jahr nach den Nürnberger Gesetzen, aus freien Stücken nach Deutschland ging.

Einen Carl Froelich, der sich mit Haut und Haaren den Nationalsozialisten verschrieben hatte, verehrte sie ohne jede Einschränkung, nannte ihn noch in den siebziger Jahren hochachtungsvoll »Professor«, obwohl er diesen Titel von Hitler verliehen bekommen hatte. Bei Zarah Leander haben nicht einmal die vielen Jahre, die seit dem Ende der nationalsozialistischen Herrschaft vergangen waren, zu einem wacheren politischen Bewußtsein geführt, anders läßt sich ihre Gedankenlosigkeit bei der Titelnennung Froelichs nicht erklären.

Zarah Leander soll hier keinesfalls als Mittäterin überführt werden, aber aufgrund ihrer grenzenlosen Selbstsucht steht sie im nachhinein nicht besser da als jeder x-beliebige Mitläufer, eher noch erheblich schlechter. Schließlich hatte sie bessere Mittel zur Verfügung als jene Deutschen, die wie Zarah nichts wissen und sehen wollten und nichts anderes im Kopf hatten als ihr persönliches Wohlergehen.

Zarah mokierte sich über jene karrierebeflissenen Kolleginnen, die sich durch Goebbels' Bett ziehen ließen, um an gute Rollen heranzukommen. Sie hatte an sich kein Recht dazu, denn ihre »schwedische Moral« verbot ihr zwar, ihren Körper karrierefördernd einzusetzen – sie hat es ja auch nie nötig gehabt –, sie hat sie aber nicht davon zurückhalten können, für ihren Aufstieg jede Solidarität mit den Bedrohten zu verschachern.

Zarah schrieb in ihrer Autobiographie, daß sie und ihre Schauspielerkollegen nicht gewußt hätten, was um sie herum passierte. Erstens sei man zu beschäftigt gewesen, zweitens an Politik überhaupt nicht interessiert. Motto: Man schließe die Augen und bade sich in Unschuld. Zarah hat nach der Aussage eines Kollegen nicht mal nach dem Verbleib von Leuten gefragt, die plötzlich, von einem Tag auf den anderen, nicht mehr im Studio auftauchten. So unwissend, wie sie es behauptete, kann sie überdies nicht gewesen sein, denn sie selbst berichtet, daß sie dann und wann englische Zeitungen gelesen habe. Sie will das sogar Goebbels erzählt haben, dem gegenüber sie offenbar einen gar neckischen Umgangston angeschlagen hat. Ihre folgende Schilderung ist beredt genug: »Goebbels: ›Was ich eben gespielt habe, war ein Walzer von Chopin.‹ Ich: ›Ja, so kam es mir vor … Herr Minister, darf ich Ihnen diesen Walzer vorspielen?‹ Goebbels: ›Sie spielen Klavier?‹ Ich lächelte nur und setzte mich an den Flügel. Ich wollte Zeit gewinnen. Die Situation verwirrte mich [Zarah hatte angenommen, daß sie ein Gast unter vielen sein würde, statt dessen war sie allein mit Goebbels], obwohl sie im Grunde eindeutig war. Was Joseph Goebbels mit dieser ›privaten Einladung familiären Charakters‹ beabsichtigte, war sonnenklar. Aber ich war überrumpelt, und deshalb kam mir Frédéric Chopin gerade recht. Was der Gastgeber gespielt und schlecht gespielt hatte, war nämlich ein Walzer in as-Moll, eines der Stücke, die mir noch seit dem Klavier-unterricht in Karlstad in den Fingern saßen. ›So soll dieser Walzer klingen‹, sagte ich und ließ die Finger über die Tasten gleiten.

Goebbels sah amüsiert aus. Er war es gewohnt, daß ich Dinge unverblümt beim Namen nannte. Wir waren einan-der schon mehrfach in weniger dubiosen Situationen be-gegnet und hatten die Klingen gekreuzt. Da ihm – außer von Hitler – selten widersprochen wurde, belustigte es ihn. Und ich hatte inzwischen gelernt, daß es mächtigen Herrn guttut und daß sie eine Schwäche dafür haben, wenn man ihnen widerspricht oder reinen Wein einschenkt. Der ›Reichsminister für Volksaufklärung und Propaganda‹ machte da keine Ausnahme, er fand mein loses Mundwerk anregend und zeigte als Gegenleistung, daß ihm der Sinn für Humor, Satire und sogar ein wenig Selbstironie nicht abging.« Die Unterhaltung an jenem mißlungenen Abend war nicht gerade von intellektueller Tiefe, und Zarah fühlte sich bei Goebbels offenbar nicht unwohl genug, um sie nicht später mit deutlich heraushörbarer Koketterie wiederzugeben: »»Denken Sie nur, Herr Minister‹, sagte ich unschuldig, ›neulich habe ich in einer englischen Zei-tung gelesen, Sie seien der Machiavelli unserer Zeit. Das begreife ich eigentlich nicht ...‹

›Wie bitte?‹

›Ja, ich begreife nicht, was damit gemeint ist, aber ir-gendwo gelesen habe ich es tatsächlich.‹

›Sie sind ziemlich keck, Frau Leander!‹

›Wieso? Machiavelli war doch ein großer Staatsmann, oder nicht. In seiner Art.‹

Da lachte Joseph Goebbels sein großes Lachen, das mich stets aufs neue verblüffte: so viel Gelächter in einem so kleinen Kerl!

›Eigentlich sollte ich Ihnen ja böse sein, Frau Leander, aber ich kann es nicht. Sie sind so herrlich frech!‹«

Die Ehre einer solchen Unterhaltung ist Zarah Leander erst nach ihrem dritten großen Filmerfolg mit *Heimat* zuteil geworden, weil Goebbels wohl zunächst nicht wahrhaben wollte, daß gerade eine Schwedin zum Aushängeschild der Ufa wurde und keine deutsche Schauspielerin.

Mit Hitler selbst hatte Zarah nach eigenen Angaben von 1936 bis 1943 nur ein einziges Zusammentreffen, und das fand unter sehr eigenwilligen Umständen statt: Nachdem *Das Lied der Wüste* beendet war, trafen sich alle, die in irgendeiner Form an der Herstellung des Films beteiligt gewesen waren, zum sogenannten Leichenschmaus in einem Berliner Nobelrestaurant. Sie saßen noch nicht lange beisammen, da betrat Hitler mit großem Gefolge das Lokal. Für Zarah war Hitler bis dahin nichts anderes als »eine brüllende Stimme aus dem Radio«, das sie sofort immer abstellte, weil sie »bösartigen Lauten gegenüber empfindlich« war. Natürlich hatte sie ihn auch in Wochenschauen oder in Illustrierten gesehen, aber noch nie leibhaftig.

Nicht lange nach Hitlers Ankunft kam ein Adjutant auf Zarah zu: »Der Führer und Reichskanzler wünscht, daß Sie, gnädige Frau, an seinem Tisch erscheinen.« Zarah folgte ihm und setzte sich an den Tisch des spürbar verkrampften Hitler. Keiner von beiden wußte, wie er das Gespräch beginnen sollte, da faßte sich Zarah ein Herz: »›Sagen Sie, Herr Reichskanzler, haben Sie eigentlich je versucht, etwas mit Ihrem Haar zu machen?‹

Hitler zuckte zusammen und wandte sich mir blitzschnell zu. Als er feststellte, daß ich nur freundlich und teilnehmend aussah, lächelte er mir zaghaft zu und nahm den Gesprächsfaden mit bekümmertem Ernst auf. Eingehend schilderte er seinen Kampf mit der Tolle: ›Sie ahnen nicht, was ich schon alles versucht habe, ich habe es mit Öl, Pomade, Haarwachs und allen möglichen komischen Tinkturen versucht. Doch nichts hilft. Die Haare fallen mir immer wieder in die Stirn, es ist einfach hoffnungslos.‹« Über Wesentlicheres wurde während dieses kurzen Zusammentreffens offenbar nicht gesprochen.

Das andere populäre Aushängeschild der Nazi-Diktatur, Hermann Göring, sah Zarah auch nur ein einziges Mal, nämlich auf einem seiner überaus prunkvollen Feste. Zarah schildert ihn als sehr amüsanten, freundlichen Menschen. Man darf ihr an sich nicht übelnehmen, daß sie die Nazigrößen, die sie kennenlernte, nicht rundweg unsympathisch fand, denn es ist keine Neuigkeit, daß die meisten Nazi-Schergen in ihrem Privatleben alles andere als brutal oder verroht waren. Im Gegenteil, sie hatten oft viel Verständnis für die Probleme ihrer Mitmenschen und wirkten äußerst zugänglich. Was an den hier zitierten Passagen so erschreckend ist, ist weniger Zarahs grundsätzliche Gesprächsbereitschaft als vielmehr ihre aufgesetzte Naivität. Goebbels' Gefährlichkeit erkannte Zarah erst, als seine Raserei auch für sie bedrohlich wurde. Während der Dreharbeiten zu *Damals* erfuhr sie, daß sich die Ufa entgegen der vertraglichen Abmachung weigerte, dreiundfünfzig Prozent ihrer Gage auf ihr Konto in Schweden zu überweisen. Sie sah das als Vertragsbruch an und reagierte mit einem Streik. Die Dreharbeiten mußten unterbrochen werden, weil Zarah zu Hause vor Wut und Angst zitternd auf die Empfangsbestätigung ihrer Bank wartete. Da der Film kurz vor der Fertigstellung stand, seine Produktion also bereits eine große Summe verschlungen hatte, konnte sie sich ziemlich sicher sein, daß sie diesen Machtkampf gewinnen würde. Trotzdem fürchtete sie sich ein wenig vor den möglichen Konsequenzen ihrer Hartnäckigkeit.

Nachdem das Geld in Schweden eingetroffen war, kam sie wieder ins Atelier zurück. Bald darauf erhielt sie eine Vorladung von Goebbels, der ihr die deutsche Staatsbürgerschaft für sie und ihre Familie, einen Herrensitz in Deutschland inklusive einer stattlichen Leibrente sowie den Titel »Staatsschauspielerin« anbot, damals die höchste und seltenste Ehrung, die einem Schauspieler in Deutschland zuteil werden konnte.

Zarah wußte schon lange vor dieser Unterredung mit Goebbels, daß sie nicht länger in Deutschland bleiben wollte. Zu dem Zeitpunkt, als Goebbels ihr diese Angebote machte, hatte sie schon längst vorgesorgt. In einem Wettsaufen mit dem Wirtschaftsminister Walter Funk hatte sie diesen buchstäblich unter den Tisch getrunken. Für diesen hochgeistigen Sieg hatte ihr Funk trotz des strengen Warenausfuhrverbots die nötigen Stempel und Unterschriften gegeben, mit denen Zarah ihren wertvollen Hausrat nach Schweden bringen konnte.

In materieller Hinsicht hatte Zarah also keine großen Verluste zu befürchten, wenn sie Goebbels' Angebot nun ausschlug. Sie empfand es als schändlich und hätte sich für den Fall ihrer Zustimmung als Verräterin an ihrer Heimat empfunden. Es ist allerdings einfach, sich an eine Heimat gebunden zu fühlen, die weniger zerbombt war als Hitlerdeutschland, in der die Menschen weniger gezeichnet durch die Straßen liefen als im Land des »totalen Kriegs«. Zarah hat herausgeholt, was herauszuholen war, und wäre der Krieg erst ein paar Jahre später im Innern Deutschlands so drückend spürbar geworden, hätten die Deutschen Zarah womöglich noch in weiteren Ufa-Filmen bewundern können.

Als 1943 ihre Dahlemer Villa ausgebombt wurde, reichte es ihr. Es reichte ihr aber noch mehr, als sie feststellen mußte, daß ihre teuren Pelze, die sie durchs Fenster hatte retten können, nicht mehr auf dem Rasen vor ihrem Haus lagen, als sie selbst herauskam. Ihr, dem Star, waren die Pelze geklaut worden! Ob sie vielleicht einer geklaut haben könnte, dem sie zu Wichtigerem dienten als zur bloßen Imagepflege, das fragte sie sich in ihrer Entrüstung noch nicht einmal Jahrzehnte später. Sich Fragen zu stellen war eben nie ihre Stärke.

Zarah verließ Deutschland und kehrte noch einmal zur Premiere von *Damals* zurück, um dann bis lange nach Kriegsende in Schweden zu bleiben. Ihr Vertrag wäre noch bis Ende 1943 gelaufen, doch unter den gegebenen Umständen wollte sie ihn nicht mehr erfüllen. Sie hatte Angst vor Goebbels, Angst vor dem, was er ihr antun könnte, nachdem sie ihm eine so deutliche Abfuhr erteilt hatte.

In Deutschland wurde sie wegen ihres Vertragsbruchs zur Unperson. Ihre Lieder kamen auf den Index, ihre Filme verschwanden aus den Kinos. Man verbreitete, daß sie eine Spionin der Kriegsfeinde gewesen sei, und andere absurde Gerüchte mehr.

Zarah und Deutschland: die nächsten Jahre existierten sie füreinander nicht mehr.

»Wer mich zuerst anspie, weiß ich nicht ...«

Zarah wurde bei ihrer Rückkehr nach Schweden nicht etwa begeistert empfangen, nein, es schlug ihr nichts als Verachtung und kalte Ablehnung entgegen. Schon 1937 hatten sich einige Schweden in anonymen Briefen mit Empörung gegen ihren Aufstieg im Dritten Reich gewandt. Zarah wußte demnach, daß sie in ihrer Heimat nicht nur Verehrer hatte. Was sie aber seit dem Sommer 1943 in Schweden durchmachen mußte, das hatte sie nicht im mindesten vorhergesehen. Die eisige Kälte ihrer Landsleute traf sie um so härter, als sie zum einen nicht darauf vorbereitet war und zum anderen aus Deutschland nur Verehrung und Huldigungen kannte. Sie erlitt einen emotionalen Einbruch, den sie ihr ganzes Leben lang nicht wirklich verarbeiten konnte.

Zarah zog sich auf ihr Gut Lönö zurück, das sie 1939 erworben hatte. Seither hatte sie beinahe jede Drehpause auf diesem Traumgut verbracht. Mit seinen mehr als neunundfünfzigtausend Quadratmetern Grund war dieser Herrensitz von einer unübersehbaren Weite. Zu Lönö gehörten Fischgewässer mit großem Heringsbestand, Wälder und Äcker. Innerhalb der Grenzen dieses Guts lagen zweiundzwanzig Inseln, Holme und Schären.

Das Haus selbst hatte zwei Etagen, auf die neunundzwanzig Zimmer großzügig verteilt waren. Das Paradestück und zugleich Zarahs Lieblingszimmer war die Bibliothek, in der sie sich am häufigsten aufhielt – in den nun folgenden Jahren bis zum Überdruß.

In finanzieller Hinsicht hatte Zarah keine Probleme, selbst in die fernere Zukunft brauchte sie nicht allzu besorgt zu schauen, schließlich hatte sie mit ihren Schallplatten noch viel mehr verdient als mit ihren Filmen, außerdem würde sie weiterhin reichlich Tantiemen kassieren. Sie wollte auch nicht in erster Linie wegen des Geldes in Schweden an ihre früheren Erfolge anknüpfen, sondern sie brauchte ihre Auftritte quasi als Lebenselixier, und zwar fast so dringend wie die Luft zum Atmen.

Zunächst ließ sich ihr Comeback in Schweden auch einigermaßen vielversprechend an. Sie war noch nicht lange zurück, da ging sie bereits ins Plattenstudio. In nur drei Tagen spielte sie vier Aufnahmen ein, von denen allerdings nur zwei in den Handel kamen. Gerade an diesen vier Aufnahmen wurde deutlich, daß Zarah bei ihren Landsleuten praktisch unten durch war: Die ersten beiden Platten kamen in den Handel und lagen wie Blei in den Regalen; keine einzige wurde verkauft. Die Plattenfirma zog daraus prompt die Konsequenz und ließ die beiden anderen Aufnahmen erst gar nicht auf Platte pressen.

Die Schuld an ihrem vermeintlich jähen Fall zu Hause schob Zarah uneingeschränkt der schwedischen Presse zu. Sie bezeichnete sie als »Volksgerichtshof« – ein Begriff, der in einem solchen Zusammenhang belegt, wie sehr sie ihre eigene Person überhöhte. Denn aus den wirklichen Volksgerichtshöfen des Dritten Reichs kam keiner so ungeschoren heraus wie Zarah aus ihrem bedenkenlosen Profitieren von der politischen Situation in Deutschland. Dort wurden nämlich vollkommen unschuldige Menschen zum Tode verurteilt. Insofern ist Zarahs Vorwurf nicht nur grotesk, er zeugt auch von einer unglaublichen Geschmacklosigkeit.

Sie beklagte sich darüber, daß man ihr nie die Chance gegeben habe, sich zu verteidigen; daß man sie nie über ihre Einstellung zu den Nationalsozialisten befragt habe. Aber welchen Sinn hätte das schon gehabt? Zarah weigerte sich mit einem verbissenen Trotz, auch nur den kleinsten Fehler einzugestehen, sie fühlte sich schon durch die bloße Andeutung eines möglichen Fehlverhaltens aufs tiefste verletzt.

Natürlich hat kein Mensch in Schweden behauptet oder auch nur vermutet, daß Zarah eine überzeugte Nationalso-

Lönö

zialistin gewesen sei, auch wenn die Kommentare einiger
schwedischer Blätter in diese Richtung gegangen sind.
Hätte sie wenigstens ein wenig Reue oder Einsicht gezeigt,
dann hätte sich ihr früheres Publikum sicherlich nicht so
gegen sie verhärtet. So aber rief ihre provozierende Stur-
heit nur die totale Ablehnung ihrer früheren Verehrer her-
vor.

In dieser mißlichen Lage blieb Zarah nur der Rückzug
nach Lönö, wo sie voller Verbitterung über ihre Situation
nachgrübelte. Die ersten Wochen versank sie geradezu in
Selbstmitleid. Sie ließ sich gehen, blieb tagelang im Bett
oder kam nicht aus ihrem Zimmer, und wenn sie ihre Apa-
thie doch einmal abschütteln konnte, lief sie im Höchstfall
in Morgenrock und Pantoffeln durchs Haus.

Zarah war erst sechsunddreißig, und mit ihrer Karriere schien es endgültig aus zu sein. Vom Gipfel ihres Ruhms war sie auf die kläglichen sechsunddreißig Meter heruntergefallen, die Lönö über dem Meeresspiegel liegt. Ihr war klar, daß sie sich in ihrem Alter an jenem kritischen Punkt befand, an dem es sich entscheidet, ob eine Schauspielerin den Übergang vom Rollenfach der jungen Liebenden zu dem der reifen Frau schafft. Wer in dieser Phase keine Filme macht, der hat den Anschluß auf immer verpaßt. Zarah war verzweifelt.

Zur selben Zeit begann es in ihrer Ehe mit Vidar Forsell heftig zu kriseln. Zarah hatte in ihrer Berliner Zeit einige kleine Affärchen gehabt, keine war besonders intensiv oder langdauernd, und ihrer Ehe hatte das offenbar nicht geschadet, zumindest nicht so sehr, daß es zur Trennung gekommen wäre. Auf jeden Fall war es für Zarah und ihren Mann eine große Umstellung, daß sie nun Tag für Tag zusammen waren, und das in einer Phase, in der Zarah alles andere als ausgeglichen war. Dazu kam, daß Vidar als Zarahs Manager nun auch keine Funktion mehr zu erfüllen hatte. Er versuchte zwar mit aller Energie, in die Rolle des Gutsbesitzers hineinzuschlüpfen, doch konnte er sie nie richtig ausfüllen. Selbst wenn er sie hätte ausfüllen können, hätte das ihrer Ehe keinen Halt gegeben, weil Zarah sich dann überflüssig vorgekommen wäre. Sie hätte dann nämlich zum ersten Mal in ihrem Leben wie eine ganz normale Hausfrau leben müssen, die über nichts anderes als ihren Haushalt gebieten kann. Für eine Machtbeschränkung auf einen so kleinen Raum, wo doch neunundfünfzigtausend Quadratmeter zu regieren waren, war sie viel zu herrisch: »Lönö gehörte mir, und was mir gehörte, darüber wollte ich auch bestimmen. Von unser beider Willen war meiner der stärkere.«

Vidar brachte ihrer Ansicht nach auch nicht genügend Verständnis für ihre schlimme Lage auf. Zarah fühlte sich in ihrer größten Krise von ihrem Mann alleingelassen. Über

Als in Schweden keiner mehr etwas von ihr wissen wollte, blieb ihr nichts anderes als der Rückzug nach Lönö

ihre Trennung meinte sie abschließend: »Ich mache ihm daraus keinen Vorwurf, nur man selbst versteht seine Situation wirklich. Doch all dies gehört mit ins Bild. Eines Tages spürte ich: es geht nicht weiter. Viele Lawinen beginnen mit einem unschuldigen kleinen Schneeball. In meinem Leben sind es Bagatellen gewesen, die verheerende Erdrutsche ausgelöst haben.«

Abgesehen davon, daß Zarah offenbar grundsätzlich nicht zur Selbstkritik neigte, hat man nach dieser kurzen Passage aus ihrer Autobiographie auch den Eindruck, daß sie die melodramatischen Züge ihrer Filme ungebrochen in ihr Privatleben eingebracht hat: die Bagatellen, die verheerende Erdrutsche ausgelöst haben ...!

Auch wenn Zarah ihre Welt auf Gut Lönö als zu klein empfand, konnte sie sich doch an ihr wieder aufrichten. Das Wissen, daß nun alles an ihr hing, gab ihr neue Kraft.

Auf Lönö waren mittlerweile zahlreiche Flüchtlinge eingetroffen, die bei ihr Unterschlupf suchten. Das Gut konnte sie mühelos versorgen, denn was man zum Leben brauchte – Milch, Butter, Eier, Fleisch, Fisch, Getreide –, lieferte es in ausreichender Menge. Man versorgte sich selbst, und Zarah mußte mit ihren Gästen hart dafür arbeiten. Daß man sie für ihren Einsatz und ihr Organisationstalent lobte, tat ihr unglaublich gut, doch konnte nicht einmal das größte Lob die Liebe und die Verehrung ihres Publikums auch nur annäherungsweise ersetzen. Sie sehnte sich nach ihrem Beruf zurück. Sie veranstaltete viele Feste und konnte sich doch nie an ihnen freuen. Inmitten der Ausgelassenheit ihrer Gäste fühlte sie sich traurig und einsam.

Im Sommer 1944 sah es zunächst danach aus, als würde sich ihr Traum von ihrer Rückkehr auf die Bühne erfüllen. Sie verhandelte intensiv mit Gustav Wally, der sie für seine Sommerrevue haben wollte. Wally brachte aber schließlich doch nicht den Mut auf, die Geächtete zu engagieren. Es schien schon alles perfekt zu sein, da teilte er Zarah mit, daß Rosita Serano besser in seine Revue passe und daß er deshalb diese unter Vertrag genommen habe. Zarah war am Boden zerstört und hätte Gott weiß was dafür gegeben, um sich für diese Zurücksetzung revanchieren zu können. Als sie dann auch noch erfuhr, daß sie wegen ihrer Berliner

Zeit in einem boshaften Couplet aufs Korn genommen werden sollte, da war es um ihre *grandezza* vollends geschehen. Sie brauchte nun jemanden, bei dem sie sich ausweinen konnte, und rief ihren treuen alten Freund Rolf

Menschliches Publikum wäre ihr lieber gewesen – Lönö

Gerhard an. Er hörte ihr geduldig zu und beschloß für sich, etwas zu unternehmen, um ihr aus ihrer Misere herauszuhelfen. Am liebsten hätte er sie für eine seiner eigenen Shows engagiert. Um zu prüfen, wie die Stockholmer Gesellschaft auf einen Auftritt Zarahs reagieren würde, gab er in seiner Villa einen großen Empfang, zu dem er die Stockholmer Presse, nichtsahnende Freunde und natürlich Zarah einlud. Viele Gäste hatten offenbar nichts dagegen, mit Zarah auf ein und demselben Fest zu sein, andere hielten den Zeitpunkt für Zarahs Comeback für ungünstig, weil die Deutschen noch nicht besiegt waren, und wieder andere waren über Zarahs Anwesenheit so entrüstet, daß sie nach dem Essen das Haus demonstrativ verließen.

Die Presse reagierte auf Karl Gerhards Ankündigung, daß Zarah in seiner nächsten Revue mitwirken würde, mit offener Ablehnung. Das las sich dann so: »Ein normaler Schwede, der seine fünf Sinne beisammen hat, kann nicht Jahr für Jahr die Augen vor dem von den Nazis inszenierten widerlichen Schauspiel verschließen. Ein normaler schwedischer Mensch verkehrt nicht Jahr für Jahr mit Doktor Goebbels, läßt sich nicht mit der Clique ein, die unsere Nachbarvölker auf das grausamste und rücksichtsloseste tyrannisiert hat, macht keine Reisen in die besetzten Länder und läßt sich dort nicht von den Vertretern der Besatzungsmacht huldigen. Ein halbwegs normaler Mensch kauft sich auch keine Villen und Häuser in den besetzten Ländern mit deutschem Geld. [Zarah bestreitet, das getan zu haben.] Normales Anstandsgefühl verbietet es, auf diese Art zu handeln. Nicht einmal, wenn man in erster Linie darauf aus ist, Geld zu verdienen, und es dabei praktisch findet, sich als politischen Idioten hinzustellen und sich damit zu entschuldigen. Das ist keine Entschuldigung.«

Der Druck der Öffentlichkeit war enorm stark, doch letztendlich ausschlaggebend für Karl Gerhards Absage an Zarah war der energische Protest der Vereinigung däni-

Zarah mit ihrer Tochter auf Lönö

scher und norwegischer Flüchtlinge in Schweden. Diese Vereinigung drohte Karl Gerhard ganz offen damit, daß er nie wieder einen Erfolg auf dänischem oder norwegischem Boden feiern würde, wenn er nicht auf Zarah Leander verzichtete. Gerhard trat von dem Vertrag zurück, und Zarah fuhr tief verletzt nach Hause auf ihr Gut, wo sie die nächsten Monate niemanden mehr zu sich ließ. Diese Niederlage mußte erst einmal verdaut werden.

Trotz ihrer intensiven Bemühungen bekam Zarah erst am 5. August 1949 wieder Zutritt zu einer schwedischen Bühne.

Auf dem europäischen Festland ging es schneller wieder bergauf. Zwar hatten sie die alliierten Siegermächte nach der Kapitulation Deutschlands postwendend mit einem

Auftrittsverbot für ihre Besatzungszonen belegt, doch vermittelte ihr Ralph Benatzky ein kurzfristiges Engagement in der Schweiz. Sie hatte Ralph Benatzky zufällig während eines Aufenthalts in der Schweiz getroffen und ihm von ihrem Auftrittsverbot in Deutschland und Österreich erzählt. Er bot ihr an, mit ihm zusammen eine Radiosendung zu machen, und sie sagte natürlich sofort zu. Das war im Jahr 1947.

Trotz dieses kleinen Lichtblicks endete ihre Isolation erst dann wirklich, als sie 1948 die Erlaubnis bekam, wieder in Deutschland aufzutreten.

Dort wußte man lange Zeit nicht recht, was man von ihrer Rückkehr halten sollte. Es gab noch immer einige, die Zarah nicht verziehen hatten, daß sie 1943 das sinkende Schiff verlassen hatte. Daß sie jetzt, wo das Schlimmste überstanden war, wiederkam, das paßte nach Ansicht vieler zu dem Bild, das sie inzwischen von Zarah Leander gewonnen hatten. Zarah verteidigte sich zwar mit dem Hinweis, daß man ihr verboten habe, früher zurückzukommen, doch klang das für einige nach einer sehr dürftigen Rechtfertigung.

Manch einer verband mit Zarah Leanders Namen den Niedergang der deutschen Filmkultur, die vor der Machtübernahme der Nationalsozialisten auf dem ganzen Erdball ihre Bewunderer gefunden hatte. Es gab aber auch gemäßigte Journalisten, die Zarah in Schutz nahmen und dankbar dafür waren, daß sie überhaupt noch einmal in dieses mit Blut besudelte Land kam, das vor der ganzen Welt als eine Nation von Massenmördern dastand. Andererseits: Galt nicht auch Zarah als Besudelte? Hatte sie überhaupt anderswo als in Deutschland die Chance, wieder ein erfolgreicher, gefeierter Star zu werden?

Am 13. November 1948 stand sie zum ersten Mal nach über fünf Jahren wieder vor einem deutschen Publikum. Dieses Konzert in Saarbrücken, bei dem sie von Michael Jary auf dem Klavier begleitet wurde, war für Zarah ungeheuer wichtig, und sie hat die Bedeutung dieses Konzerts noch Jahre später hervorgehoben. 1949 trat Zarah in Berlin auf, und es sah so aus, als müßte sie sich jede Stadt neu erobern. Daß ihr das auch in ihrer Heimat gelang, war eine große Genugtuung für sie, aber auch eine unbeschreibliche Erleichterung. Sie war nicht länger eine Geächtete, konnte sich wieder ohne Hemmungen in der Öffentlichkeit zeigen, auch wenn man in Schweden bis über ihren Tod hinaus immer wieder auf ihr äußerst fragwürdiges Verhalten während des Zweiten Weltkriegs hinwies.

Es gelang Zarah nicht, ihre Landsleute wieder in demselben Maß für sich einzunehmen wie die Deutschen. Sie war sich dessen voll bewußt und konzentrierte sich deshalb in ihrer zweiten Karriere fast ausschließlich auf den deutschen Sprachraum.

Nachkriegsfilme

Obwohl 1949 keiner wußte, ob die Mehrheit der früheren Zarah-Fans nun zu ihren unversöhnlichen Gegnern oder zu ihren Fürsprechern gehörte, hatte Walter Koppel von der Hamburger Real-Film den Mut, sie unter Vertrag zu nehmen. Nach über siebenjähriger Abwesenheit vom Film versuchte Zarah ein Comeback. Im Januar 1950 hatte *Gabriela* Premiere.

Zarah war seit ihrem Bruch mit der Ufa nicht schlanker geworden und bei ungünstiger Beleuchtung sah sie nicht wie eine Anfangsvierzigerin, sondern eher wie eine Frau aus, die die Fünzig schon überschritten hatte.

Gabriela knüpfte inhaltlich dort an, wo man 1943 in *Damals* aufgehört hatte: Zarah, die Unglückliche, Zarah, die Leidende, Zarah, die Singende. Sie blieb sie selbst und wechselte lediglich für neunzig Minuten ihren Namen. Regie führte Geza von Cziffra, von dem auch das Drehbuch stammte, und die Musik hatte Michael Jary komponiert.

Gabriela (Zarah Leander), die in Wirklichkeit Helga Lorenzen heißt, ist vor vielen Jahren ihrem Mann, einem kalten, lieblosen schwedischen Millionär, davongelaufen. Ihre Tochter hat sie mitgenommen und bei Pflegeeltern in der Schweiz untergebracht. Um für sich und ihre Tochter genügend Geld zu verdienen, nimmt sie ein Engagement in einem Nachtclub an, wo sie bald die große, umschwärmte Zugnummer wird. Ihr Erfolg macht sie allerdings nicht glücklich. Die Schuldgefühle, die sie gegenüber ihrer mittlerweile fast erwachsenen Tochter Andrea (Vera Molnar) empfindet, erdrücken sie beinahe. Schließlich, als sie genug Geld zusammengespart hat, bereitet sie alles für die Heimkehr ihrer Tochter vor. Sie erwirbt ein Haus am Stadtrand, wo sie sich mit ihrer Tochter einrichten will. Sie verläßt ohne ein Wort des Abschieds den Nacht-

›Gabriela‹

club und fährt in die Schweiz, um ihre Tochter nach Hause
zu holen. Andrea fühlt sich in dem schweizerischen Berg-
idyll pudelwohl und kann es gar nicht fassen, daß diese
fremde Frau, die ihre Mutter sein will, sie da herausreißen
möchte. Es bleibt ihr nichts anderes übrig, als mit ihrer
Mutter mitzugehen. Gabriela hat nun ihre Tochter wieder,
wird aber mit ihr nicht froh. Andrea schneidet sie und zeigt
ihr, wo sie nur kann, daß sie viel lieber woanders wäre,
nämlich in der Schweiz. Daß ihre Mutter sehr unter ihrem
Verhalten leidet, sieht sie zwar, es kann sie aber nicht beeindrucken, denn schließlich will sie sie ja verletzen. Erst
als ihr Hansi (Grete Weiser), die beste Freundin und lang-
jährige Weggefährtin ihrer Mutter, auseinandersetzt, welche Opfer Gabriela gebracht hat, um ihr eine sorgenlose
Kindheit zu ermöglichen, sieht Andrea ein, daß sie zu ego-
istisch war und ihrer Mutter unrecht getan hat.

›Gabriela‹

Das Publikum bekommt alles geboten, was es sieben Jahre
zuvor noch als fesselnd und unterhaltsam empfunden
hatte, doch 1950 zog diese Masche nicht mehr. Der Film,
der hoffnungsvoll in zweiundvierzig deutschen Städten
gleichzeitig gestartet wurde, konnte die Massen nicht mo-
bilisieren. Nach wenigen Wochen verschwand er aus den
Kinos.
Wäre Zarah Leanders Selbsteinschätzung auch nur ein
klein wenig realistischer gewesen, dann hätte ihr klar sein
müssen, daß sie nach *Gabriela* keinen Film mehr drehen,
sondern sich auf die Bühne beschränken sollte. Statt dessen übernahm sie 1952 in Fritz Peter Buchs Film *Cuba Cubana* die Rolle der Nachtclub-Besitzerin Arabella. Der
Schauplatz des Films ist irgendein südamerikanisches
Land, und Cuba Cubana ist der Name von Arabellas

Nachtclub. Der acht Jahre jüngere O. W. Fischer, damals erst auf dem Weg zum Traummann der fünfziger Jahre, spielt den Journalisten Robby. Er umwirbt die attraktive Arabella hartnäckig, holt sich aber zunächst eine Absage nach der anderen. Robby wird bei politisch motivierten Unruhen verletzt und kann sich in höchster Not zu Arabella retten, die ihn bei sich aufnimmt und gesundpflegt.

Grethe Weiser und Zarah Leander in ›Gabriela‹

O. W. Fischer, Nicolai Kolin und Zarah Leander in ›Cuba Cabana‹

Sie ist fest davon überzeugt, daß er zu Unrecht verfolgt wird. Robby nutzt die Zeit gut, denn er bringt die desillusionierte Frau dazu, daß sie sich zu ihrer Liebe für ihn bekennt. Die beiden können ihr Glück jedoch nicht genießen, weil sie damit rechnen müssen, daß er jede Minute entdeckt werden kann. Sie bereiten ihre gemeinsame Flucht vor, um in einem anderen Land ohne die ständige Angst vor seinen Verfolgern leben zu können. Doch der Plan scheitert, weil Robby des Mordes angeklagt wird. Arabella weiß sich in dieser Situation nur noch einen Rat: Sie geht zum Gouverneur von Puerto Antonio (Paul Hartmann), der ein guter Freund von ihr ist, und bittet ihn um

Zarah in ›Cuba Cabana‹

›Ave Maria‹

seine Hilfe. Dieser will ihr nur unter der Bedingung helfen, daß sie ihren Geliebten alleine ziehen läßt. Arabella
erkennt, daß sie auf ihre Liebe verzichten muß, wenn sie
das Leben des Geliebten retten will. Am Ende ist sie wieder so alleine, wie sie es vorher war, nur muß sie jetzt mit
dem Gefühl eines großen Verlustes weiterleben.

›Ave Maria‹: Marianne Hold und Zarah Leander als Mutter und Tochter

Ihren nächsten Leinwandauftritt hatte Zarah 1953 in *Ave Maria*. Wieder spielt sie eine alleinstehende Mutter, die die Erziehung ihrer Tochter durch Auftritte in zweit- und drittklassigen Etablissements finanziert. Obwohl sie eine ehrenhafte Frau ist, erfährt sie in ihrer Umgebung nichts als Verachtung. Nur ihre Tochter steht zu ihr.

›Bei Dir war es immer so schön‹: Heinz Drache, Zarah Leander und Georg Thomalla

In *Bei Dir war es immer so schön* spielte Zarah nur sich selbst. Sie wechselte nicht einmal ihren Namen und sang ein paar ihrer alten Glanznummern: *Eine Frau wird erst schön durch die Liebe, Nur nicht aus Liebe weinen, Drei Sterne sah ich scheinen,* und ein neues Lied, das Theo Mackeben für sie geschrieben hatte: *Bei Dir war es immer so schön.*

Der blaue Nachtfalter, in dem sie nach einer fünfjährigen Filmpause 1959 mitwirkte, brachte auch nichts Neues. Zarah spielt eine Nachtclubsängerin, die fünfzehn Jahre für einen Mord, den sie nicht begangen hat, im Gefängnis gesessen hat. Ihr Sohn weiß nicht, daß sie noch lebt, und erkennt sie auch nicht, als sie sich im *Blauen Nachtfalter* begegnen. Zarahs Hauptaufgabe besteht von nun an wieder darin, für ihr Kind die größtmöglichen Opfer zu bringen. Warum bloß hat Zarah Leander solche Filme überhaupt noch gemacht? Wenn das Publikum bei diesen Langweilern, deren Ende bereits nach fünfzehn Minuten absehbar war, schon gähnte, wie sehr muß erst sie selbst von diesen Melodramen angeödet gewesen sein? Schließlich mußte sie sich mit diesen Stoffen wesentlich intensiver auseinandersetzen als ihr Publikum, das nach eineinhalb Stunden wieder erlöst war.

Der *Blaue Nachtfalter* verhalf ihr wenigstens zu der Einsicht, daß sie im Film nichts mehr zu suchen hatte, und diese Einsicht war für sie nicht einmal allzu schmerzlich. Ihr Filmtyp, auf den auch sie selbst sich festgelegt hatte,

›Der blaue Nachtfalter‹: Zarah Leander und Christian Wolff

171

Robert Hoffmann, Nadja Tiller und Zarah Leander in ›Das gewisse Etwas der Frauen‹

war einfach nicht länger gefragt. In Musikfilmen dominierten nun die kessen Blonden, wie zum Beispiel die Froboess, und auch sonst gab sich das deutsche Publikum nicht mehr so bereitwillig wie noch zu Hitlers Zeiten irgendwelchen Halbheiten hin. Wenn schon verrucht, dann ganz verrucht, wenn schon musikalisch, dann auch beschwingt, wenn schon leidvoll, dann doch gleich die herzerweichende junge Schell, bei der jede Liebe zum existentiellen Ringen um Erfüllung wurde.

Zarah war wegen ihres Rückzugs vom Film nicht zur Tatenlosigkeit verdammt, sie hatte noch ihre Bühnenarbeit. Eine persönliche Tragödie, wie sie sie nach ihrer Heimkehr nach Schweden 1943 hatte durchmachen müssen, stand ihr nun nicht bevor, denn im Gegensatz zu damals verlor sie 1959 nicht den Kontakt zu ihrem vielgeliebten Publikum, weil sie noch singen konnte – und vor allem durfte.

Erst 1966 stellte sich Zarah Leander noch einmal, und nun wirklich das letzte Mal, vor die Kamera. In *Das gewisse Etwas der Frauen* ist sie aber längst nicht mehr die Hauptperson, ihr Name taucht lediglich unter »ferner liefen« auf, und sie konnte gottfroh darüber sein, denn dieser Film war nicht einfach nur überholt und von der Thematik her abgedroschen wie ihre Nachkriegsfilme, sondern er war in seiner Plumpheit auch noch unsäglich peinlich.

›Madame Scandaleuse‹

Etwas zeitversetzt zu ihrer zweiten Filmkarriere in Deutschland knüpfte Zarah auch dort an, wo sie 1936 mit *Axel an der Himmelstür* aufgehört hatte: Nach zweiundzwanzig Jahren Unterbrechung war sie wieder in einer Theaterrolle zu sehen. Sie war auf der Bühne so erfolgreich, daß ihr schon deshalb der Abschied vom Filmstudio nicht allzu schwerfallen konnte.

Das Theater hatte für Zarah den unersetzlichen Vorteil, daß sie Kontakt zu ihrem Publikum hatte, daß sie ihren mehr oder weniger verdienten Applaus persönlich entgegennehmen konnte, denn sie hatte immer ein wenig unter der Isolation gelitten, die ihr ihre bloße Leinwandpräsenz letztendlich eingetragen hatte. Ihr Publikum und seine Reaktionen, seine Verehrung, die spürte sie nur, wenn sie auf der Bühne stand.

Seit 1949 hatte sie immer wieder Konzerte gegeben, nicht nur in der Bundesrepublik, auch in Ägypten, Argentinien, Griechenland und anderswo. Überall war sie begeistert empfangen und gefeiert worden, doch der Erfolg, den sie seit 1958 in dem Musical *Madame Scandaleuse* hatte, übertraf alles bisher Dagewesene.

Am 5. September wurde Peter Kreuders Komposition in Wien uraufgeführt. Das Publikum im Raimund-Theater geriet aus dem Häuschen und entbot ihr Ovationen: Einundvierzigmal mußte am Premierenabend der bereits zugezogene Vorhang wieder geöffnet werden, weil das Publikum seinen Star nicht entlassen wollte.

Dieser triumphale Erfolg war sicher nicht der Erfolg der Kreuder-Melodien. Sie gingen zwar ins Ohr, hatten aber ganz und gar keine Evergreen-Qualitäten, ebensowenig wie die braven Texte Ernst Nebhuts. Die Kunst bestand darin, aus diesem sehr durchschnittlichen Musical etwas zu machen, eben mehr zu machen, als es in Wirklichkeit war.

Zarah Leander und Hans Unterkircher vor dem Plakat, das der Welt ihren großen Triumph in ›Madame Scandaleuse‹ verkündet

Zarah schaffte es mit ihrer majestätischen Gravität, mit ihren beeindruckenden, dennoch überaus sparsam eingesetzten Gesten. Es war einfach ihre Persönlichkeit, deren Flair sich wie der Duft eines schweren Parfüms bis in die hinterste Nische des Theaters ausbreitete. *Madame Scandaleuse* war allein der Erfolg Zarahs.

Peter Kreuder, der sich über Zarah wesentlich negativer ausließ als sie sich über ihn, war nachhaltig verärgert darüber, daß Zarah ihn völlig in den Hintergrund drängte. Von ihm sprach kaum einer, obwohl er in seinen Augen der Vater von Zarahs Wiener Triumph war.

Zarah ging mit *Madame Scandaleuse* auf eine Städtetournee, die sie unter anderem nach Hamburg, Berlin und München führte. Überall quittierte man ihre Leistung in der Rolle der Hélène mit ähnlich ausgedehnten Beifallskundgebungen wie in Wien.

Auf der Bühne konnte Zarah endlich ihrem Temperament freien Lauf lassen. Kein Imagezwang engte sie ein, die *grande dame,* die sie in all ihren Filmen zu verkörpern hatte, durfte sie auf der Bühne vergessen. Dort konnte sie ohne die kleinste Einschränkung sie selbst sein: manchmal vulgär, dann wieder kokett, feierlich oder sprühend vor Sangeslust und Spielwitz. Hier liegt vielleicht auch die Erklärung für den unterschiedlichen Begeisterungsgrad, mit dem ihre Bühnen- und Filmauftritte aufgenommen wurden.

In ihren Filmen wirkte sie wie eine Ewiggestrige, in deren Umgebung alle Uhren stehengeblieben waren, während sie auf der Bühne zeigen konnte, daß die Zeit sie nicht überholt hatte, daß sie in der Gegenwart lebte, und das wie! Freilich ist es auch leichter, ein Theater für ein paar Abende, vielleicht auch einige Wochen lang vollzubekommen, als viele Kinos, in denen sie im ganzen Lande zur gleichen Zeit präsent sein sollte.

Was an Zarah Leanders Bühnenauftritten überdies erstaunte, war die Tatsache, daß sich ihr Publikum nicht nur aus nostalgisch-wehmütigen Fans von gestern zusammensetzte, sondern auch aus Teens und Twens, vor allem männlichen. Zarahs Attraktivität für Homosexuelle war kein Geheimnis, und auch ihr selbst war das nie unangenehm oder gar peinlich, wohingegen sich so manch einer ekelerfüllt über die homosexuellen Fan-Versammlungen bei ihren Auftritten äußerte, wie zum Beispiel Peter Kreuder, für den Homosexuelle nach guter Bürgermanier Menschen zweiter Klasse gewesen zu sein scheinen. Leider blieb es Zarah und ihm nicht erspart, noch ein weiteres Mal zusammenarbeiten zu müssen.

Zunächst aber trat Zarah Leander nach *Madame Scandaleuse* in einer Operette von Oscar Straus auf: am 21. Oktober 1961 hatte *Eine Frau, die weiß, was sie will* am Wiener

Zarah als ›Madame Scandaleuse‹

Raimund-Theater Premiere. Zarah kannte den Stoff aus dem Effeff, denn die Manon Cavallini hatte sie 1933 schon einmal in Göteborg gesungen. Während eines Gastspiels ihres Ensembles mit diesem Stück hatte sie in Dänemark die wichtigen Kontakte geknüpft, die sie später nach Wien, zu *Axel an der Himmelstür,* geführt hatten. Oscar Straus hatte *Eine Frau, die weiß, was sie will* einst für die einzigartige Fritzi Massari geschrieben, und Zarah war dieser Stoff für eine Diva gerade recht, denn seit der Massari hatte niemand mehr die Rolle der herzensguten Männerverschlingerin völlig ausfüllen können. Sie wäre nicht Zarah gewesen, hätte sie sich's nicht zugetraut, es der guten alten Fritzi nachzumachen. Die Operette selbst stellte keine großen geistigen Anforderungen an ihr Publikum, doch die Lieder, die sie enthält, sind zum Teil überaus amüsant und mitreißend.

Der Wiener Kritiker Werner Sträter schrieb nach der Premiere eine kurze Besprechung, die zugleich die Erklärung für ihren großen Erfolg beim Publikum liefert: »Mit Zarah Leander wird alles Alte so lebendig, daß auch die Jüngeren ihren Spaß daran haben.

Karl Farkas, der Wiener Altmeister geistiger Späße, hat die Operette inszeniert und kräftig bearbeitet. Es dauert lange, bis man ›sie‹ zu sehen bekommt. Aber alle Dialoge, alle Geschäftigkeit, alle Aufregung bereiten auf sie vor. Dann blickt man in ihre weitläufige Künstlergarderobe (sie tritt gerade zum 100. Male in dem Stück *Das Strumpfband der Marquise* auf), aber es geschieht immer noch dies und das, bis sie endlich erscheint. Im Rokoko-Reifrock, mit weißer Perücke – so steht sie im Raum: gleichsam ein Fels in der Brandung eitler Vergänglichkeit. Etwas verwittert und zerfurcht, gewiß, aber ungebrochen wie einst.

Wenn sie dann lässig die Perücke abstreift und ihre rote Mähne schüttelt, wenn sie ihre Stimme erhebt, dann kennt die Begeisterung des Publikums keine Grenzen. Wenn sie schreitet, wenn sie ihren langen Zeigefinger ausdrucksvoll

Zarah in ›Eine Frau, die weiß, was sie will‹

schüttelt, wenn sie überlegen ihre Verehrer belächelt, dann scheinen Jahre und Jahrzehnte weggewischt zu sein. Aber der eigentliche Grund ihres heutigen Erfolges ist wohl die augenzwinkernde Selbstironie. ›Ich kenn' meine Grenzen, ich höre die Zeit …‹ singt sie in ihrem Chanson. Aber wenn man sieht, wie sie lächelnd und siegessicher durch die Zeit schreitet, die nicht mehr die ihre ist, dann hat man manchmal den Eindruck, sie sei glatt imstande, die Zeit anzuhalten.«

Zarah war berauscht von ihrem Erfolg, den sie mit der *Frau, die weiß, was sie will* hatte, um so mehr, als ihr diese Operette eine Einladung zu einem Gastspiel in ihrer Heimat einbrachte, wo man ihr nach wie vor große Vorbehalte entgegensetzte. Im Oktober 1961 stand sie in Göteborg auf der Bühne, und zur Überraschung vieler war bereits vor der Aufführung ein wahres Zarah-Fieber zu spüren, das nach dem letzten Akt in Euphorie umschlug. An jenem Abend hatte sie allerdings nicht nur schwedisches Publikum, denn aus Deutschland waren ihr zahlreiche Verehrer nachgereist.

Paul Seiler, Zarahs vielleicht treuester Anhänger, der seit den frühen fünfziger Jahren alles, was er über sie auftreiben konnte, sammelte und sie sogar persönlich kennenlernte, schrieb über diese Zeit: »In den fünfziger und sechziger Jahren gab es Zarah-Leander-Fan-Clubs, die sich gegenseitig in der Verehrung ihres Stars zu übertrumpfen suchten. Hieß es, bei einer Vorstellung in Wien habe es hundertdreißig Vorhänge gegeben, erzwangen ihre Berliner Anhänger hundertdreiundvierzig Vorhänge.

Zwischen spontaner Begeisterung und dem Fanatismus organisierter Claqueure war oft nicht mehr zu trennen. Nach Stückschluß ging der Applaus in rhythmische Sprechchöre über: ›Zarah, wir lieben dich!‹ Zuschauer überreichten Blumengebinde, auf die Bühne regneten Rosen, und Zarah mußte eine Zugabe nach der anderen geben. Das Publikum wollte sein Idol nicht gehen lassen.«

Kein Wunder, daß Zarah Leander den Film nicht vermißte! Als Leinwandstar hatte sie nie die Begeisterung spüren können, die sie mit der Liebe ihres Publikums zu ihr gleichsetzte. Claqueure hin oder her, auch sie, oder vor allem sie, gaben ihr den Zuspruch, den sie nach ihren einsamen Jahren in Schweden mehr denn je brauchte und nie wieder missen wollte.

In der Beurteilung ihrer Auftritte tat sich mit den Jahren zwischen der Reaktion der Zuschauer und der der Musik- oder Theaterkritiker eine immer größer werdende Kluft auf. Besonders deutlich wurde das anläßlich des Musicals *Lady aus Paris,* das am 22. Oktober 1964 im Raimund-Theater in Wien Premiere hatte und mit dem Zarah im März und April des folgenden Jahres im Berliner Theater des Westens gastierte.

Während das Publikum vor Begeisterung johlte, klatschte und trampelte, kassierte Zarah Leander in auflagenstarken Berliner Tageszeitungen schmerzhafte Verrisse. Im *Tagesspiegel* stand zu lesen, daß sie ein seltsames Ungeheuer, eine höchst erstaunliche und befremdliche Bühnenmaschine sei. Und weiter: »Zarah Leander ist vulgär und auch

Zarah und Arne Hülphers 1959

ordinär auf ganz eigene und persönliche Kosten. Sie hält es nicht einen Augenblick lang für geboten, eine Rolle zu spielen. Über jede mögliche Konzeption der ihr anvertrauten Figur setzt sie [sich] gewaltig hinweg.«

Im *Kurier* kam sie nicht besser davon: »Die … Produktion entpuppt sich – trotz des undurchsichtig gesteuerten Applauses – als eine wenig zündende Attrappe rund um die wild gestikulierende und manchmal neckisch kokette Hochdramatik, um die urlautende Menageriestimme der Leander, die in den verwegensten Pelz-, Tüll-, Federarrangements ihre barocke Figur anschwellen läßt.«

Noch gnadenloser ging ein gewisser Herr Wandel mit Zarah, dem Musical und der Theaterleitung ins Gericht: »Protest! So etwas hätte nicht geschehen dürfen. Ein gewiß verdienstvoll alternder Star wurde zum kommerziellen Objekt erniedrigt. Was das Schlimmste ist, er scheint es nicht zu merken. Was Karl Heinz Stracke mit der *Lady aus Paris* im Theater des Westens Zarah Leander antut, ist schwer wiedergutzumachen.

Berlin hat jahrelang nach einem dem Metropol ebenbürtigen Operettentheater geseufzt. Der Start mit *My Fair Lady* im Theater des Westens schien unsere Wünsche zu erfüllen … Lehárs *Lustige Witwe* setzte dann einen glückhaften Beginn fort.

Man hatte künstlerisches Kapital gesammelt. Jetzt wird es verspielt. Zarah Leander erscheint als aus edlem Stamme kommende Chansonette, die wieder in die High Society zurück möchte. Leider ist sie als ›Frau mit Vergangenheit‹ am falschen Platze. Ihre Allüren sind ebenso wie ihre Stimme mehr im Souterrain des vornehmen Hauses angesiedelt. Sie ist in ihrer Sprache ebenso derb wie ungewandt in der Konversation.

Den Text des Musicals schrieb Karl Farkas nach Oscar Wildes Komödie *Lady Windermeres Fächer,* wobei er des Dichters Witz durch nicht eben geistvolle Chansons ersetzte. Die Musik (Dirigent: Arne Hülphers) komponierte

›*Die Lady aus Paris*‹

Peter Kreuder. Da er im Programmheft bittet, sie leutselig zu behandeln, sei ihm der Wunsch erfüllt. Sie stört nicht …
Das Haus nahm jede von Zarah Leander stimmlich geäußerte Ansicht mit frenetischem Jubel entgegen. Am Ende geriet es in einen hysterischen Beifallsrausch, der eine halbe Stunde währte. Die Künstlerin wurde mit Blumenarrangements fast restlos zugedeckt. Dann wurden der Reihe nach alle männlichen Hauptdarsteller zum Handkuß gnädigst zugelassen (mehrmals!). Die leichte Muse verhüllte ihr Haupt schamhaft.«
Nicht mehr ganz so katastrophal peinlich fiel in den Augen vieler Kritiker ihr Auftritt in dem Musical *Wodka für die Königin* aus. Die Musik hatte Peter Thomas geschrieben,

und natürlich war sie, genauso wie die einmal mehr sehr dümmliche Handlung, völlig auf Zarah zugeschnitten. Die Uraufführung fand im November 1968 im Hamburger Operettenhaus statt. Der Leiter dieser Bühne, Kurt Collien, hatte sich die Ausstattung für dieses Stück eine halbe Million Mark kosten lassen, und Zarah fühlte sich in einem so üppigen Rahmen von Anfang an ausgesprochen wohl. Sie verkörperte die Königin des Phantasie-Imperiums Bessadanien, Aureliaya. Die möchte sich – schon aus Liebe zum Wodka – von den Staatsgeschäften zurückziehen, muß sie dann allerdings wieder aufnehmen, weil sich ihre Töchter als regierungsuntauglich erwiesen haben.

Da die Uraufführung in die überaus gesellschaftskritische APO-Zeit fiel, reicherte man die Handlung ein wenig um zeitgenössisch-aktuelle Töne an, ohne dabei allerdings im mindesten kritisch zu werden. Für jeden etwas und nichts gegen irgend jemanden, lautete die Devise. Trotz des kurz geschilderten, kargen Inhalts machte Zarah es zu etwas ganz Besonderem, eben zu einem Zarah-Musical. Sie beeindruckte in jedem Kostüm, sei es in der Königsrobe oder im Putzkittel, und sie machte durch ihr erstaunlich geschicktes *timing* aus einem müden Scherz eine echte Pointe. Sie war ganz in ihrem Element. Von September bis November 1969 gastierte das Ensemble mit *Wodka für die Königin* am Raimund-Theater, das nun endgültig die wichtigste Wiener Dependance für Zarah geworden war.

Obwohl Zarah mit *Wodka für die Königin* einen schönen Erfolg gehabt hatte, trat sie erst 1975 wieder in einem Musical auf. Vorlage für *Das Land einer Sommernacht* war der gleichnamige Film des schwedischen Starregisseurs Ingmar Bergman. Was am Broadway unter dem Titel *A Little Night Music* ein Riesenerfolg und ein Dauerbrenner war, verkam in der deutschen Fassung zu einer lahmen, geist- und witzlosen Ente, was nicht nur der deutschen Übersetzung des Originaltextes zuzuschreiben war, sondern auch der überaus schwachen Besetzung. Zarah machte in dem planlos zusammengesuchten Ensemble noch den besten Eindruck, doch daß die mehrfach mit dem Tony Award, dem Oscar für Musikstücke, ausgezeichnete *Sommernacht* ein Flop wurde, das vermochte auch sie trotz ihrer beeindruckenden Bühnenpräsenz und ihrer mächtigen Stimme nicht abzuwenden.

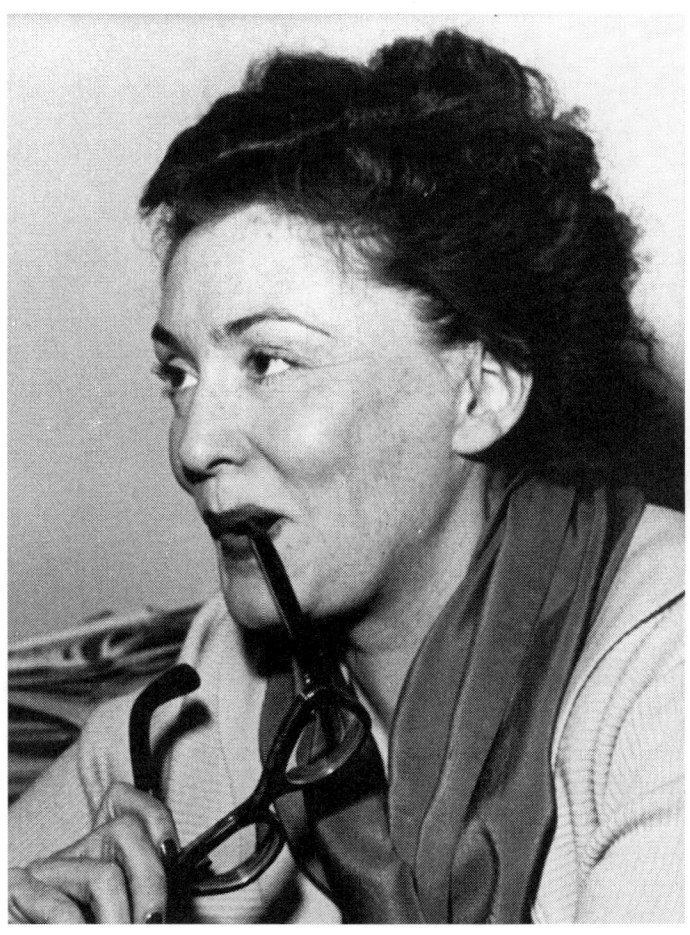

Zarah im Jahr 1960

Zarah 1973

Im September 1978 war Zarah Leander noch einmal in der Rolle der Madame Arnfeldt am Folkanteatern in Stockholm zu sehen. Es war das letzte Mal.

Flüchte sich, wer kann – in Selbstironie

Zarah Leander war publikumshungrig, ja -süchtig. Ein Leben ohne Kontakt mit ihren Bewunderern war für sie nicht lebenswert, ihre »Exil«-Jahre auf Lönö waren zweifelsohne neben ihren Pfarrhofjahren die bittersten ihres Lebens. Ihr Bühnenhunger und wohl auch das dahinterstehende Bedürfnis nach Bewunderung und Anerkennung machten es ihr unmöglich, zum richtigen Zeitpunkt abzutreten. Seit den fünfziger Jahren, genaugenommen seit ihrem ersten Nachkriegsfilm, war sie· nur noch personifizierte Nostalgie. Ihre Auftritte lebten von Evergreens aus den dreißiger und vierziger Jahren, ebenso ihr Star*appeal,* auch wenn ihr Auftreten nach wie vor von ihrer einzigartigen Divenhaftigkeit beherrscht war.

Ihre Schönheit war nach ihrer Ufa-Zeit erschreckend schnell verblaßt; schon in den fünfziger Jahren zeigte sie Ansätze zum Matronenhaften, und es dauerte nicht lange, bis sie nichts anderes mehr war als eine häßliche, voluminöse alte Frau. Ihre pompösen Gesten, mit denen sie sich ihr Stargepräge verschaffte, ohne ihm eine wirklich zeitbezogene Qualität hinzufügen zu können, machten sie an manchen Abenden zu einer wahrhaft grotesken Alten.

Je älter sie wurde, desto mehr glich sie einem Gemälde, dessen Farben zunehmend verblassen. Um diesen Prozeß wenigstens an der Oberfläche aufzuhalten, griff sie zu übertriebenen Restaurationsmethoden: Die Farben, die sie zum Ausgleich auf- und anlegte, wurden immer greller, sie selbst dadurch immer lächerlicher.

Zarah Leander war sich dessen sehr bewußt, und um mit ihrer Lächerlichkeit fertig zu werden, begann sie, sich selbst zu parodieren. In vielen Interviews, die sie gab, trug sie fingerdick Selbstironie auf, so daß es phasenweise gar nicht mehr möglich war, ein vernünftiges Gespräch mit ihr zu führen. Ihre Selbstironie wurde ihr Panzer. Sie blockte jede Einsicht in ihre wahren Gefühle ab, und es sieht so aus, als hätte sie sich auch nach Kräften selbst belogen. Denn wäre sie ehrlich zu sich selbst gewesen – und eben nicht so gefallsüchtig, wie sie nun einmal war –, dann hätte sie spätestens Ende der sechziger Jahre der Öffentlichkeit den Rücken gekehrt. So aber wiederholte sie vor immer kleiner werdenden Auditorien ihr Wunder, das einmal geschehen würde, ihr *Yes, Sir,* ihr *Ich steh' im Regen.* Ihre Stimme wurde dabei immer tiefer und männlicher, doch zum Ausgleich für diesen Stimmverfall rollte sie wenigstens ihre berühmten Rrrrs noch heftiger.

Die »Femme fatale des deutschen Kleinbürgers« verkam zum Bühnenschreck, und wer sie wirklich mochte und verehrte, konnte und wollte sich ihr unendliches Ende nicht mitansehen.

In den siebziger Jahren sah sie bereits so schlecht, daß sie den Weg zum Mikrophon vor ihren Auftritten auswendig lernen mußte: Vier Schritte ab Bühneneingang, Kehre, um neunzig Grad nach links, sechs Schritte nach vorne – Mikro. Wenn das nicht klappte, führte sie ihr Mann Arne Hülphers, der sie meist am Flügel begleitete, nach vorne zum Bühnenrand.

Ihre »letzten Auftritte« häuften sich, zum Schluß war sie nur noch »zum letzten Mal« zu sehen, und das über Jahre hinweg, so in München, Hamburg, Berlin und anderswo. Sie redete sich ein, daß ihr Publikum sie wolle, daß ein Rückzug eine große Enttäuschung für ihr treues Publikum bedeuten würde. Sie bildete sich das auch dann noch hartnäckig ein, als während ihrer Auftritte längst eine abstoßend volkstümelnde Bierzeltatmosphäre herrschte.

Zarah hatte immer viel Alkohol getrunken, doch in ihren letzten aktiven Jahren kam es immer häufiger vor, daß man sie bereits am Nachmittag nicht mehr nüchtern antraf. Sie scheint den Alkohol gebraucht zu haben, um mit ihrem würdelosen Altern fertig werden zu können. Ihre zum Teil auch alkoholbedingten Wirklichkeitsverzerrungen führten

Zarah mit Evelyn Künneke, 1978

sie häufig zu Skurrilitäten wie zum Beispiel der Hervorhebung ihrer Attraktivität (1976!), der ein Glas Whisky später die trotzig-traurige Aussage folgte, daß es bei ihr zwar nicht mehr viel zu sehen, dafür aber noch etwas zu hören gebe: Unsere Leichen leben noch.

In ehrlichen Momenten gab sie zu, daß es ihr vor Lönö einfach graute, daß sie es im Jahr höchstens zwei bis drei Monate dort aushielt und dabei schon nach vierzehn Tagen das Gefühl hatte, an diesem gottverlassenen Ort wahnsinnig zu werden. Auf ihrem Gut fühlte sie sich nicht glücklich, weil sie nie gelernt hatte, mit sich alleine zu sein. Das änderte nichts daran, daß Lönö ihr ganzer Stolz war, weil sie es sich allein finanziert und geschaffen hatte. Für sie war es ein Beweis ihrer Stärke, ihrer Härte gegen sich selbst, ein Resultat ihrer Disziplin, und das war zusammen mit »Professionalität« ihr Lieblingswort.

Ihre gnadenlose »Professionalität«, die in ihren letzten Jahren für ihren überaus geduldigen Mann zur Qual wurde, hatte sie schon nicht davor zurückschrecken lassen, sich im Dritten Reich zum Superstar hochzuarbeiten. Man mag das so kritisch beurteilen, wie man will, ihre Konsequenz ist letztendlich beeindruckend und zugleich ein Grund für grenzenloses Mitleid.

Zarah Leander sah sich auch noch im Dienste ihrer Professionalität, als sie sich von einer Bremer Werbefirma als Zugpferd für Kaffeefahrten anheuern ließ. Dann sang das alte Schlachtroß eben in Wirtshaussälen, na und?! Schließlich brachte es ihr Geld. Da sie davon allerdings mehr als genug hatte, kommt man nicht umhin, bei ihr auch eine unstillbare Geldgier zu vermuten. Mehr Geldgier oder Konsequenz, das ist hier die Frage.

Ihrem entsetzlichen, würdelosen, selbstzerstörerischen Treiben machte erst ein Schlaganfall ein Ende, den sie nach einer Gehirnblutung im Oktober 1978 erlitt. Seither saß sie im Rollstuhl. Ihre letzten drei Jahre verbrachte sie in der Abgeschiedenheit, die sie immer gehaßt hatte.

Hülphers

Wer Zarah Leanders Leben seit den fünziger Jahren nachzeichnen will, der darf schon der Fairneß halber ihren dritten Mann nicht einfach zum Mitläufer degradieren: Arne Hülphers, den Zarah kurz »Hülphers« nannte. Er war von 1952 an bis zu seinem Tod im Juli 1978 ihr geduldiger Begleiter, der im Ernstfall immer genügend Humor aufbrachte, um die Eigenwilligkeiten seiner Frau wegstecken zu können.

1952 hatte Zarah ihn gebeten, sie von nun an bei ihren Auftritten am Flügel zu begleiten, doch kannten sich die beiden schon lange vor dieser schicksalhaften Bitte.

Bereits im Herbst 1926 war der Pastorensohn zum ersten Mal auf Zarah aufmerksam geworden. Damals studierte der gebürtige Finne an der Musikakademie in Stockholm. Ursprünglich hatte er Kirchenmusiker werden wollen, doch über den Jazz entdeckte er seine Begeisterung für die Tanzmusik. 1932 übernahm er eine fünfzehnköpfige Tanzkapelle, mit der er durch die Lande zog; seitdem galt er allen als Kapellmeister. Als dieser Arne Hülphers die gerade neunzehn Jahre alte Zarah zum ersten Mal sah, fiel sie ihm nicht wegen ihrer herausragenden Schönheit auf, sondern weil sie recht jämmerlich anzusehen war. Da Zarah damals gerade mit Nils Leander liiert war, holte sie ihn jeden Sonntag von der Dramaten-Schauspielschule ab, so daß Hülphers sie dort öfter zu sehen bekam. Er ging der Sache auf den Grund und stellte fest, daß sie da nicht einfach so herumstand, sondern auf einen jungen Mann wartete. Für ihn war die Sache damit erledigt. Er spülte seinen Kummer in der nächsten Kneipe mit Hochgeistigem herunter, während Zarah ihren heimlichen Verehrer offenbar gar nicht registriert hatte. Bis zu ihrer nächsten Begegnung vergingen acht Jahre. Zarah war mittlerweile verheiratet, und zwar schon gar nicht mehr mit Leander, sondern bereits mit Ehemann Nummer zwei, mit Vidar Forsell. Sie war längst eine bekannte Sängerin, als sie im Frühjahr 1934 mit ihrer Mutter das Stockholmer In-Café *Fenix Kronprinsen* besuchte. Dort spielte ein Orchester, dessen Chef und Pianist Arne Hülphers war. Er war der Schwarm aller anwesenden Frauen und Mädchen – mit Ausnahme Zarahs. Denn die hatte nicht nur das Gefühl, daß eine solche Anhimmelei für eine verheiratete Frau unpassend wäre, sie fand diesen Typ Mann ganz einfach nicht über die Maßen ansprechend. Sanft *und* rotblond, das war zuviel des Guten.

Man darf diese Berichte ruhig mit einer gesunden Portion Skepsis lesen, schließlich stammen sie aus der Zeit, als Zarah und Hülphers ihre jungen Jahre nur noch mit nostalgiegetrübtem Blick sahen.

Ohne sich dabei besonders gut kennenzulernen, nahmen Hülphers und Zarah in den dreißiger Jahren einige Schallplatten miteinander auf. 1936 war Hülphers bei der Premiere von *Zu neuen Ufern* zugegen, wobei er nach Meinung des übrigen Premierenpublikums, wie bereits geschildert, nicht angemessen reagierte. Eine Szene aus diesem Film hatte dennoch bei Hülphers bleibenden Eindruck hinterlassen: die Schlußszene, in der Zarah mit ihrem künftigen Ehemann Viktor Staal durch den Mittelgang der Kirche zum Altar schreitet. Ihn störten an dieser Szene nicht nur die gerührten Schluchzer seiner Kinonachbarn, sondern auch das überladene und nicht eben figurschmeichelnde Brautkleid Zarahs: »Zarah hatte irgend etwas Krinolinenähnliches an, darin war sie voluminöser als nötig, sie füllte den ganzen Kirchengang aus. Mir kam es vor, als strebe hier ein kleiner, eifriger Schlepper mit einem gewaltigen Hochseedampfer im Schlepptau dem Kai zu …« Als Zarah ihm 1955 während eines Flugs den Heiratsantrag machte, meinte er zwar, daß er darauf schon jahrelang gewartet habe, doch lehnte er eingedenk dieser für ihn so lächerlichen Filmszene eine aufwendige Trauungszeremonie

Eines der letzten Fotos, auf dem die beiden zusammen zu sehen sind: Zarah und Hülphers

ab. Obwohl Zarah gerne kirchlich geheiratet hätte, blieb es deswegen bei einer standesamtlichen Hochzeit: »Das Risiko, an Zarahs Seite den Mittelgang der Kirche entlangzuwandeln und an diesen Film denken zu müssen, war mir zu groß. Ganz gewiß soll man auf seiner eigenen Hochzeit fröhlich sein, wann denn sonst? Aber man soll möglichst nicht vor Lachen brüllen, bevor man beim Altar angelangt ist.«

In den zweiundzwanzig Jahren ihrer Ehe waren die beiden beinahe unzertrennlich. Hülphers saß bei vielen ihrer Auftritte am Flügel, und wenn er dort nicht saß, dann meist hinter den Kulissen. Alleine war sie fast nie unterwegs. Er war bei all der Unrast seiner Frau ein ruhender Pol, den sie zu schätzen wußte. Als er 1972 wegen eines komplizierten Beinbruchs wochenlang im Krankenhaus lag, gestand Zarah: »Ich hätte nie geglaubt, daß ich so klein, einsam und hilflos sein würde, wie ich es jetzt ohne ihn bin.«

Wenn sie die treibende Kraft des Unternehmens Leander/Hülphers war, dann muß man ihn als das Rückgrat bezeichnen. Wo Zarah einen auf Diva machte, hielt er sich ruhig und bescheiden im Hintergrund, und man hatte nicht den Eindruck, daß sein Selbstbewußtsein darunter litt, daß er in der Öffentlichkeit immer nur die zweite Geige spielte. Ganz im Gegenteil: er schien heilfroh zu sein, daß der ganze Rummel nicht seiner Person galt.

Hülphers hätte es gerne gesehen, wenn Zarah mit den Jahren ein wenig kürzer oder vielleicht sogar ganz abgetreten wäre, um so mehr als er in den letzten Jahren seines Lebens ein schweres Herzleiden hatte. Seit Mitte der siebziger Jahre schaffte er es nicht mehr ohne Hilfe, von seinem Klavierhocker hochzukommen. Seine Tattrigkeit, auch die seiner Frau, in der Öffentlichkeit vorzuführen hat ihm keineswegs gefallen. Er sehnte sich immer mehr nach Ruhe; doch sich gegen Zarahs Bühnenhunger durchzusetzen ...

Noch am Tag vor seinem Tod absolvierte er zusammen mit Zarah einen Auftritt im Stockholmer Vergnügungspark *Groena Lund*. Nach dem Auftritt legte er sich sofort ins Bett, weil er sich erschöpft fühlte. Am Nachmittag des folgenden Tages, einem 24. Juli, starb er, ohne vorher noch einmal aufgewacht zu sein, an einem Herzanfall.

Zarah war völlig fassungslos. Sie hatte nicht nur ihren vertrautesten und liebsten Menschen verloren, sie meinte in ihrem ersten Schmerz auch, nun nie wieder auftreten zu können. Doch war das nur ihrer großen Niedergeschlagenheit zuzuschreiben, denn es wurde ihr bald klar, daß es für sie nur ein Mittel gab, um ihren unersetzlichen Verlust ein wenig besser ertragen zu können – die Bühne, ihr Publikum. Sie verpflichtete sich, noch einmal die Rolle der Madame Arnfeldt in *Das Lächeln einer Sommernacht,* diesmal in einer Stockholmer Inszenierung, zu übernehmen.

Am 10. Oktober 1978 stand sie zum letzten Mal in ihrem Leben auf der Bühne, tags darauf erlitt sie einen Schlaganfall, den der Direktor des Folkanteatern damit erklärte, daß Zarah nach dem Tode ihres Mannes wohl nicht mehr die Kraft hatte, alleine weiterzumachen.

Die Legende stirbt und lebt doch weiter

Zarah Leander starb am 23. Juni 1981 gegen vier Uhr früh. Ihre letzten Lebensjahre hatte sie abwechselnd auf ihrem Gut oder im Krankenhaus verbracht. Da sie nach ihrem ersten Schlaganfall nicht nur halbseitig gelähmt, sondern auch sprachbehindert war, fühlte sie sich unter Menschen nicht mehr sehr wohl. Sie ließ nur noch ihre Familie und ihre engsten Freunde an sich heran, ohne daß ihr langes Siechtum deshalb für sie leichter geworden wäre. Daß diese Frau, die nichts mehr brauchte als viele Menschen um sich, die letzten Jahre nur noch unbeweglich im Rollstuhl sitzen konnte, war nicht nur für sie eine unfaßbare Tragödie.

Das erkennbare Ausmaß dieser Tragödie vergrößert sich im nachhinein sogar noch, wenn man erfährt, daß das, was für Zarah das Leben ausmachte, in den Augen ihrer Familie nichts als Tand war. Zarah Leander war noch kein halbes Jahr tot, als am 26. November 1981 ein Teil ihrer Habseligkeiten, darunter Perücken, Bühnengarderobe und Pelze, an den Meistbietenden verschachert wurde.

Zarah ist nach ihrem Tod nicht in Vergessenheit geraten. Weder bei ihren treuesten Fans, den Homosexuellen, noch bei den gutbürgerlichen Heteros. Wer sich heute im Radio Wunschkonzerte anhört oder im Fasching Tuntenbälle besucht, der hört immer wieder den einen oder anderen Leander-Titel. Die Mehrheit kennt heute allerdings fast nur noch die Zarah, die vor 1945 sang und spielte. Was sie nach 1945 trieb, ist weitgehend unbekannt, und genau dieser Tatsache ist es zu verdanken, daß Zarah heute eine Legende ist – und wenn nicht sie, dann auf jeden Fall ihre Stimme. Damit bleibt nur noch ein Toast auf das schlechte Gedächtnis, das durchrutschen läßt, was man am besten vergißt.

Zarah Leander lebt noch heute davon.

Zarah nach ihrem allerletzten Auftritt
am Stockholmer Folkantheatern

Filmographie

Die Rollennamen sind – sofern sie zu ermitteln waren – in Klammern an-
gegeben.

1. **Dantes mysterier** (Dantes Mysterien)
   Schweden 1930; *Regie:* Paul Merzbach; *Produktion:* Svensk
   filmindustri;*Drehbuch:* Paul Merzbach;
   Darsteller: ZARAH LEANDER, Eric Abrahamson, Elisabeth
   Frisk, Gustav Löväs.

2. **Falska millionären** (Der falsche Millionär)
   Schweden 1931; *Regie:* Paul Merzbach; *Produktion:* Mi-
   nerva-Haik; *Drehbuch:* Oscar Rydquist, Paul Merzbach;
   Darsteller: ZARAH LEANDER (Marguerite), Sture Lagerwall
   (Journalist), Håkan Westergren (Millionär), Fridolf Rhudin
   (Sekretär).
   Lied: Ögon som ljuga och le (Augen, die lügen und lächeln).
   Gleichzeitig mit der schwedischen entstand eine französische
   Fassung dieses Films, die in Frankreich am 6. November 1931
   unter dem Titel *Pour mon cœur et ses millions* Premiere hatte.

3. **Äktenskapsleken** (Ehereigen/Skandal)
   Schweden 1935; *Regie:* Ragnar Hyltén-Cavallius; *Produk-
   tion:* Svenska ab M-film; *Drehbuch:* Karl Gerhard; *Kamera:*
   Åke Dahlquist; *Musik:* Jules Sylvain; *Texte:* Josef Richter;
   Darsteller: ZARAH LEANDER (Bildhauerin), Einar Axelson
   (ihr vierter Mann), Karl Gerhard (Scheidungsanwalt), Gösta
   Cederlund (ihr erster Mann), Harry Roeck-Hansen (ihr
   zweiter Mann), Ragnar Widestedt (ihr dritter Mann).
   Lieder: Henne du älskar (Sie liebst du); Verklighet och drö-
   mar (Wirklichkeit und Träume).

4. **Premiere**
   Österreich 1936; *Regie:* Geza von Bolvary; *Produktion:* Glo-
   ria-Syndikat-Film Wien; *Drehbuch:* Max Wallner, F. D.
   Andam; *Kamera:* Franz Planer; *Ausstattung:* Emil Hasler;
   Musik: Dénes von Buday, Peter von Fenyes; *Texte:* Hanns
   Schachner;
   Darsteller: ZARAH LEANDER (Carmen Daviot), Karl Martell

(Fred Nissen), Attila Hörbiger (Polizeikommissar Dr. Helder), Theo Lingen (Dornbusch), Maria Bard (Lydia Loo), Karl Günther (Rainold), Ferdinand Meierhofer (Theaterarzt), Johanna Terwin (Mutter Helder), Karl Skramp (Requisiteur Lohrmann), Walter Steinbeck (Direktor), Corvinus (Polizeiarzt), Hely Raschka (Polly), Richard Eybner (Mucky) u. a.
Lieder: Merci, mon ami, es war so wunderschön; Ich hab' vielleicht noch nie geliebt;
Länge: 2102 Meter
Uraufführung: 25. Februar 1937

5. Zu neuen Ufern

Deutschland 1937; *Regie:* Detlef Sierck; *Produktion:* Ufa; *Drehbuch:* Detlef Sierck und Kurt Heuser nach dem Roman von Lovis H. Lorenz; *Kamera:* Franz Weihmayr; *Text und Musik:* Ralph Benatzky; *Schnitt:* Milo Harbich;
Darsteller: ZARAH LEANDER (Gloria Vane), Willy Birgel (Sir Albert Finsbury), Viktor Staal (Henry), Erich Ziegel (Doktor Hoyer), Hilde von Stolz (Fanny), Edwin Jürgensen (Gouverneur), Carola Höhn (Mary), Jakob Tiedtke (Wells sr.), Robert Dorsay (Bobby Wells), Iwa Wanja (Violet), Siegfried Schürenberg (Gilbert), Lina Lossen (Zuchthausvorsteherin), Lissi Arna (Nelly), Herbert Hübner (Kasinodirektor), Mady Rahl (Soubrette), Lina Carstens (Bänkelsängerin) u. a.
Lieder: Tiefe Sehnsucht; Ich steh' im Regen; Yes, Sir!;
Länge: 2879 Meter
Uraufführung: 31. August 1937

6. La Habanera

Deutschland 1937; *Regie:* Detlef Sierck; *Produktion:* Ufa; *Drehbuch:* Gerhard Menzel; *Kamera:* Franz Weihmayr; *Musik:* Lothar Brühne; *Texte:* Franz Baumann, Bruno Balz, Detlef Sierck; *Ausstattung:* Anton Weber, Ernst Albrecht, Annemarie Heise;
Darsteller: ZARAH LEANDER (Astrée Sternhjelm), Ferdinand Marian (Don Pedro de Avila), Karl Martell (Dr. Sven Nagel), Julia Serda (Ana Sternhjelm), Boris Alekin (Dr. Luis Gomez), Paul Bildt (Dr. Pardway), Edwin Jürgensen (Reeder Schumann), Karl Kuhlmann (Präfekt), Michael Schulz-

Dornburg (Juan), Rosita Alvaraz (spanische Tänzerin), Lisa Helwig (alte Amme), Geza von Földessy u. a.
Lieder: Der Wind hat mir ein Lied erzählt; Du kannst es nicht wissen; Kinderlied;
Länge: 2692 Meter
Uraufführung: 18. Dezember 1937

7. Heimat

Deutschland 1938; *Regie:* Carl Froelich; *Produktion:* Ufa; *Drehbuch:* Harald Braun nach dem gleichnamigen Bühnenstück von Hermann Sudermann; *Kamera:* Franz Weihmayr; *Musik:* Theo Mackeben; *Texte:* Hans Brennert, Michael Gesell; *Ausstattung:* Franz Schroedter, Manon Hahn;
Darsteller: Heinrich George (Oberst a. D. Leopold von Schwartze), ZARAH LEANDER (Magda von Schwartze), Ruth Hellberg (Marie von Schwartze), Lina Carstens (Fränze von Klebs), Paul Hörbiger (Franz Heffterdingk), Franz Schafheitlin (von Keller), Georg Alexander, Leo Slezak, Hans Nielsen u. a.
Lieder: Eine Frau wird erst schön durch die Liebe; Drei Sterne sah ich scheinen; Ach, ich habe sie verloren, aus: »Orpheus und Eurydike« von Gluck;
Länge: 2780 Meter
Uraufführung: 25. Juni 1938

8. Der Blaufuchs

Deutschland 1938; *Regie:* Viktor Tourjansky; *Produktion:* Ufa; *Drehbuch:* Karl Georg Külb nach einem Bühnenstück von Ferencz Herczeg; *Kamera:* Franz Weihmayr; *Musik:* Franz R. Riedl, Lothar Brühne; *Texte:* Bruno Balz; *Ausstattung:* Werner Schlichting;
Darsteller: ZARAH LEANDER (Ilona), Willy Birgel (Tibor Vary), Paul Hörbiger (Stephan Paulus), Jane Tilden (Lisi), Karl Schönböck (Trill), Rudolf Platte (Kutscher Béla), Eduard Wenck (Bahnwärter), Edith Meinhard (Tilla) u. a.
Lieder: Von der Puszta will ich träumen; Kann denn Liebe Sünde sein?;
Länge: 2765 Meter
Uraufführung: 14. Dezember 1938

9. **Es war eine rauschende Ballnacht**
Deutschland 1939; *Regie:* Carl Froelich; *Produktion:* Ufa;
Drehbuch: Geza von Cziffra, Frank Thieß, Georg Wittuhn,
Jean Victor; *Kamera:* Franz Weihmayr; *Musik:* Peter I.
Tschaikowsky, Theo Mackeben; *Texte:* Hans Fritz Beck-
mann; *Ausstattung:* Franz Schroedter, Herbert Ploberger;
Darsteller: ZARAH LEANDER (Katharina Alexandrowna Mu-
rakina), Marika Rökk (Nastassja Petrowna Jarowa), Hans
Stüwe (Peter I. Tschaikowsky), Aribert Wäscher (Michael I.
Murakin), Leo Slezak (Maximilian Hunsinger), Fritz Rasp
(Porphyr P. Kruglikow), Paul Dahlke (Iwan C. Glykow),
Karl Haubenreißer (Gruda Sabowitsch Lakritzki, Kon-
zertagent), Ernst Dumcke (Dmitri Pawlowitsch Miljukin),
Karl Hellmer (Stepan, Tschaikowskys Diener), Carl Hanne-
mann (Pjotr, Murakins Diener), Hugo Froelich (Vater
Jarow) u. a.
Lieder: Nur nicht aus Liebe weinen; Romanze; Schlafe
mein Geliebter;
Länge: 2579 Meter
Uraufführung: 15. August 1939

10. **Das Lied der Wüste**
Deutschland 1939; *Regie:* Paul Martin; *Produktion:* Ufa;
Drehbuch: Walther von Hollander, Paul Martin; *Kamera:*
Franz Weihmayr; *Musik:* Nico Dostal; *Texte:* Bruno Balz;
Darsteller: ZARAH LEANDER (Grace Collins), Gustav Knuth
(Nic Brenten), Friedrich Domin (Sir Collins), Herbert Wilk
(Frank Stanney), Rolf Heydel (Leutnant Scott), Franz
Schafheitlin (Finanzier), Karl Günther (Kommissar), Ernst
Karchow (Oberst Balantine) u. a.
Lieder: Fatme, erzähl' mir ein Märchen; Sagt dir eine
schöne Frau »vielleicht«; Ein paar Tränen werd' ich weinen;
Heut' abend lad' ich mir die Liebe ein;
Länge: 2374 Meter
Uraufführung: 17. November 1939

11. **Das Herz der Königin**
Deutschland 1940; *Regie:* Carl Froelich; *Produktion:* Ufa;
Drehbuch: Harald Braun, Jacob Geis, Rolf Reißmann; *Kamera:* Franz Weihmayr; *Musik:* Theo Mackeben; *Texte:* Harald Braun; *Ausstattung:* Walter Haag, Herbert Ploberger;

Darsteller: Zarah Leander (Maria, Königin von Schottland), Willy Birgel (Lord Bothwell), Maria Koppenhöfer (Elisabeth, Königin von England), Lotte Koch (Johanna Gordon), Axel von Ambesser (Prinz Henry Darnley), Friedrich Benfer (Davis Riccio), Margot Hielscher (Mary), Herbert Hübner (Lord Arran), Ernst Stahl-Nachbaur (Jon Knox), Walther Süßenguth (Lord Jacob Stuart), Hubert von Meyerinck (englischer Gesandter), Erich Ponto (Gaukler), Emil Heß (Lord Douglas), Karl Haubenreißer (Lord Balfour), Rudolf Klein-Rogge (General Ruthven) u. a.

Lieder: Wo ist dein Herz?; Schlummerlied; Ein schwarzer Stein, ein weißer Stein;

Länge: 3056 Meter

Uraufführung: 1. November 1940

12. **Der Weg ins Freie**

Deutschland 1941; *Regie:* Rolf Hansen; *Produktion:* Ufa; *Drehbuch:* Harald Braun, Jacob Gleis, Rolf Hansen; *Kamera:* Franz Weihmayr; *Musik:* Theo Mackeben; *Texte:* Harald Braun, Hans Fritz Beckmann;

Darsteller: Zarah Leander (Antonia Corvelli), Hans Stüwe (Detlev von Blossin), Agnes Windeck (Baronin von Blossin), Siegfried Breuer (Graf Stefan Oginski), Hedwig Wangel (Barbaccia), Albert Florath (Dr. Hensius), Herbert Hübner (Landrat von Strempel), Ralph Lothar (Achim von Strempel), Karl John (Fritz), Walter Ludwig (Tomaso Rezzi), Walther Süßenguth (Morescu), Viktor Janson (Machandl), Eva Immermann (Luise), Leo Peukert (Direktor der Wiener Hofoper), Karl Günther (Kommissar), Kurt Meisel (Student), Hilde von Stolz (Melanie), Claire Reigbert (Mamsell Dörte), Oscar Sabo (Inspizient), Jakob Tiedtke (Direktor der Oper Bergamo) u. a.

Lieder: Ich will nicht vergessen; Ich sag' nicht ja, ich sag' nicht nein; außerdem Melodien aus Giaquino Rossinis Oper *Semiramis* und Guiseppe Verdis *Rigoletto;*

Länge: 3090 Meter

Uraufführung: 7. Mai 1941

13. **Die große Liebe**

Deutschland 1941/42; *Regie:* Rolf Hansen; *Produktion:* Ufa; *Drehbuch:* Alexander Lernet-Holenia, Peter Groll,

Rolf Hansen; *Kamera:* Franz Weihmayr; *Musik:* Michael
Jary; *Texte:* Bruno Balz; *Ausstattung:* Walter Haag;
Darsteller: ZARAH LEANDER (Hanna Holberg), Viktor Staal
(Oberleutnant Paul Wendlandt), Grethe Weiser (Käthe),
Paul Hörbiger (Alexander Rudnitzky), außerdem Wolfgang
Preiss, Hans Schwarz jr., Julia Serda, Viktor Janson u. a.
Lieder: Ich weiß, es wird einmal ein Wunder geschehn; Mein
Leben für die Liebe; Davon geht die Welt nicht unter; Heut'
kommen die blauen Husaren;
Länge: 2738 Meter
Uraufführung: 12. Juni 1942

14. **Damals**
    Deutschland 1942; *Regie:* Rolf Hansen; *Produktion:* Ufa;
    Drehbuch: Peter Groll und Rolf Hansen nach einem Ent-
    wurf von Bert Roth; *Kamera:* Franz Weihmayr; *Musik:* Lo-
    thar Brühne, Ralph Benatzky; *Texte:* Bruno Balz;
    Darsteller: ZARAH LEANDER (Vera Meiners), Hans Stüwe
    (Jan Meiners), Rossano Brazzi (Artist), Karl Martell
    (Frank Douglas), Hilde Körber (Frau Gaspard), Jutta von
    Alpen (Eva Meiners), Erich Ziegel (Sanitätsrat Petersen),
    Herbert Hübner (Professor Rigeaud), Emil Heß (Rechtsan-
    walt Alvarez), Hans Brausewetter (Friseur), Viktor Janson
    (Varietédirektor), Karl Haubenreißer (Staatsanwalt Men-
    doza), Alfred Schieske (Musiker), Eva Tischmann (Sprech-
    stundenhilfe) u. a.
    Lieder: Jede Nacht ein neues Glück; Einen wie dich könnt'
    ich lieben; Bitte an die Nacht;
    Länge: 2578 Meter
    Uraufführung: 3. März 1943

15. **Gabriela**
    BRD 1950; *Regie:* Geza von Cziffra; *Produktion:* Real-
    Film; *Drehbuch:* Geza von Cziffra; *Kamera:* Willi Winter-
    stein; *Musik:* Michael Jary; *Texte:* Kurt Schwabach;
    Darsteller: ZARAH LEANDER (Helga Lorenzen), Siegfried
    Breuer (Lorenzen), Carl Raddatz (Charlie Braatz), Grethe
    Weiser (Hansi), Käthe Haack (Frau Matthes), Vera Molnar
    (Andrea Lorenzen), Albert Florath (Onkel Hansen), Gun-
    nar Möller (Peter Hoyer), Arno Assmann (Freddy Lam-
    bert) u. a.

›Gabriela‹

Lieder: Es gibt keine Frau, die nicht lügt; Wann wirst du mich fragen?; Wenn der Herrgott will;
Länge: 2608 Meter
Uraufführung: 6. April 1950

16. **Cuba Cabana**

BRD 1952; *Regie:* Fritz Peter Buch; *Produktion:* Rhombus-Herzog-Film; *Drehbuch:* Fritz Peter Buch; *Kamera:* Richard Angst; *Musik:* Heino Gaze; *Texte:* Bruno Balz; *Darsteller:* ZARAH LEANDER (Arabella), O. W. Fischer (Robby), Paul Hartmann (Gouverneur), Hans Richter (Billy), Eduard Linkers (Hanneg), Nikolai Kolin (José), Werner Lieven (Pedra), Karl Meixner (Pandulkar), Heinz Kargus (Filippo), Peter Eisholtz (Polizeikommissar), Hans Holten (Gomez), Harald Mannl (Chefredakteur), K. H. Peters (Kriminalbeamter), John Pauls-Harding (Adjutant), Willy Rösner (Kapitän), Gerard Tichy (Polizei-Oberst), Karl Kreuzer (Inspizient) u. a.

›Gabriela‹

Lieder: Eine Frau in meinen Jahren; Sag' mir nie wieder »je t'aime«; Schatten der Vergangenheit; Und wenn's auch Sünde wär'; Du machst mich so nervös;
Länge: 2563 Meter
Uraufführung: 19. Dezember 1952

17. **Ave Maria**
BRD 1953; *Regie:* Alfred Braun; *Produktion:* Diana-Film; *Drehbuch:* Wolf Neumeister, Hans Wendel; *Kamera:* Werner Krien; *Musik:* Franz Grothe; *Texte:* Bruno Balz;
Darsteller: ZARAH LEANDER, Hans Stüwe, Marianne Hold, Hilde Körber, Berta Drews, Hans Henn, Ingrid Pan, Josef Sieber, Carl Wery u. a.
Lieder: Ich kenn' den Jimmy aus Havanna; Wenn die wilden Rosen blühn; Wart' nicht auf die große Liebe; Ave Maria von Bach/Gounod;
Länge: 2556 Meter
Uraufführung: 8. September 1953

18. **Bei Dir war es immer so schön**
BRD 1954; *Regie:* Hans Wolff; *Produktion:* Allianz-Film; *Drehbuch:* Paul H. Rameau nach einer Idee von Hans Wolff; *Kamera:* Hans Schneeberger; *Musik:* Theo Mackeben; *Texte:* Hans Fritz Beckmann;
Darsteller: Heinz Drache (Peter Martens), Georg Thomalla (Karlchen Holler), Ingrid Stenn (Elisabeth), Grethe Weiser (Tante Martha), Albrecht Schoenhals (Musikverleger Conrads), Carsta Löck (Sekretärin Krause), Willy Maertens (Vater Hannemann), Helmut Rudolph (2. Regisseur), Robert Kersten (Filmschauspieler), außerdem: Willi Forst (Filmregisseur), Margot Hielscher (Revuestar), ZARAH LEANDER (Filmstar), Sonja Ziemann (Ballettänzerin), Kirsten Heiberg (Kabarettstar).
Lieder: Eine Frau wird erst schön durch die Liebe; Nur nicht aus Liebe weinen; Drei Sterne sah ich scheinen; Bei Dir war es immer so schön;
Länge: 2997 Meter
Uraufführung: 16. März 1954

Ingrid Stenn, Heinz Drache und Zarah nach der Premiere von ›Bei Dir war es immer so schön‹

19. **Der blaue Nachtfalter**

BRD 1959; *Regie:* Wolfgang Schleif; *Produktion:* Berolina-Film; *Drehbuch:* Erich Ebermayer; *Kamera:* Willi Winterstein; *Musik:* Lotar Olias; *Texte:* Kurt Schwabach, Max Colpet;

Darsteller: ZARAH LEANDER, Christian Wolff, Marina Petrowa, Paul Hartmann, Werner Hinz, Loni Heuser, Hans Richter, Lotte Brackebusch;

Lieder: Pardon, meine Damen – pardon, meine Herren; Ein Leben ohne Liebe; Seit ich dich sah;

Länge: 2497 Meter

Uraufführung: 27. August 1959

›Der blaue Nachtfalter‹

20. **Das gewisse Etwas der Frauen**

BRD/Italien/Frankreich 1966; *Regie:* Luciano Salce; *Produktion:* nfg/Sancro/Marceau/Cocinor; *Drehbuch:* Willibald Eser; *Kamera:* Enrico Menczer; *Musik:* Ennio Morricone;

Darsteller: Robert Hoffmann (Robert), Romina Power (Irene), Cachin Chantal (Wilma), Sandra Milo (Frau Direktor), Gianrico Tedeschi (Direktor), Orchidea de Santis (Agnes), Elsa Martinelli (Rallye-Fahrerin), Vittorio Caprioli (Playboy), Sonja Romanoff (Monika), Anita Ekberg (Margaret Joyce, Sexstar), Heinz Erhardt (Herr Schüssel), Erica Schramm (Betty), Nadja Tiller (Baronin Laura), Zarah Leander (Tante Olga), Patrizia Perini (Anna-Maria), Bernadette Kell (Violetta), Gigi Ballista (Sir Archibald), Michèle Mercier (Franziska, Atomphysikerin).

Lieder: Zarah sang Theo Mackebens »Eine Frau wird erst schön durch die Liebe«;
Länge: 2798 Meter
Uraufführung: 23. November 1966

21. **Das Blaue vom Himmel** (Fernsehproduktion)
Musikalische Komödie von Robert Gilbert und Per Schwenzen; *Regie:* Wolfgang Schleif; *Szenenbild:* Willi A. Herrmann; *Musik:* Friedrich Hollaender;
Darsteller: Carlos Werner (Outrelle), ZARAH LEANDER (Désirée), Werner Stock (Karl Doorn), Gudrun Genest (Emma Doorn), Karin Baal (Antje Doorn), Toni Sailer (Richard Landa, Gendarm), Franz-Otto Krüger (Maurice) u. a.
Erstsendung: 27. November 1964; ZDF

›Das gewisse Etwas der Frauen‹

Bühnenrollen im deutschsprachigen Raum

Axel an der Himmelstür
Theater an der Wien; Uraufführung am 1. September 1936.
Musik: Ralph Benatzky
Textbuch: Paul Morgan und Adolf Schütz mit Beiträgen von Max Hansen und Liedtexten von Hans Weigel.
Regie: Arthur Hellmer
Darsteller: ZARAH LEANDER (Gloria Mills), Max Hansen, Paul Morgan, Heidemarie Hatheyer
Lieder: Kinostar; Gebundene Hände; Eine Frau von heut'.

Madame Scandaleuse
Raimund-Theater, Wien; Uraufführung am 5. September 1958.
Musical von Peter Kreuder und Ernst Nebhut.
Regie: Alfred Walter
Darsteller: ZARAH LEANDER (Hélène), Ruth Gerhardt, Rudi Walter, Hans Unterkircher, Margit Symo.
Lieder: Man muß den Männern was bieten; Man muß für alles bezahlen; Daran zerbricht man doch nicht; Frauen sind schwer zu durchschauen; Die alte Liebe.
1959 gastierte Zarah mit diesem Musical in Berlin, Hamburg und München.

Eine Frau, die weiß, was sie will
Raimund-Theater, Wien; Premiere am 21. Oktober 1960.
Operette von Oscar Straus.
Regie: Karl Farkas
Darsteller: ZARAH LEANDER (Manon Cavallini)
Ab 26.12.1961 Gastspiel am Storateatern in Göteborg.

Lady aus Paris
Raimund-Theater, Wien; Uraufführung am 22. Oktober 1964.
Musical von Karl Farkas und Peter Kreuder, frei nach Oscar Wildes Komödie »Lady Windermeres Fächer«.
Regie: Karl Farkas
Darsteller: ZARAH LEANDER (Mrs. Erlynne), Paul Hörbiger, Friedl Czepa, Ursula van der Wielen, Hans Henn.
Lieder: Ich bin eine Frau mit Vergangenheit; Mich hat die Welt kaltgestellt; Die Liebe geht seltsame Wege; Sehnsucht nach dem Frühling.

Wodka für die Königin
Operettenhaus, Hamburg; Uraufführung am 14. November 1968.
Musical von Peter Thomas.
Regie: Werner Saladin
Darsteller: ZARAH LEANDER (Aureliana)
Lieder: Wodka für die Königin; Das ist die große Zeit; Wenn am Schwarzen Meer; Dante.
Vom 4. September bis zum 10. November 1969 Gastspiel am Raimund-Theater in Wien.

Das Lächeln einer Sommernacht
Theater an der Wien, Wien; Premiere am 14. Februar 1978.
Musical von Stephan Sondheim und Hugh Wheeler, nach dem gleichnamigen Film von Ingmar Bergman.
Regie: George Martin (in der Originalinszenierung von Harold Prince)
Darsteller: ZARAH LEANDER (Madame Arnfeldt), Susanne Almassy, Dagmar Koller, Naemi Priegel, Marianne Becker, Peter Haener.
Lieder: Liaisons; Ein Leben voller Glanz (Zarahs Partien).
Ab September 1978 spielte ZARAH LEANDER am Stockholmer Folkanteatern noch einmal die Rolle der Madame Arnfeldt.

Diskographie der deutschsprachigen Plattenaufnahmen

Gebundene Hände (September 1936)
aus: Axel an der Himmelstür
Musik: Ralph Benatzky
Text: Hans Weigel

Eine Frau von heut' (September 1936)
aus: Axel an der Himmelstür
Musik: Ralph Benatzky
Text: Hans Weigel

Merci, mon ami ... (Januar 1937)
aus: Premiere
Musik: Peter von Fényes
Text: Hanns Schachner

Ich hab' vielleicht noch nie geliebt (Januar 1937)
aus: Premiere
Musik: Dénes von Buday
Text: Hanns Schachner

Sehnsucht (Juni 1937)
aus: Zu neuen Ufern
Musik und Text: Ralph Benatzky

Ich steh' im Regen (Juni 1937)
aus: Zu neuen Ufern
Musik und Text: Ralph Benatzky

Yes, Sir! (Juni 1937)
aus: Zu neuen Ufern
Musik und Text: Ralph Benatzky

Kinostar, die Sehnsucht Tausender Mädchen (Juni 1937)
aus: Axel an der Himmelstür
Musik: Ralph Benatzky
Text: Hans Weigel

Der Wind hat mir ein Lied erzählt (November 1937)
aus: La Habanera
Musik: Lothar Brühne
Text: Bruno Balz

Du kannst es nicht wissen ... (November 1937)
aus: La Habanera
Musik: Lothar Brühne
Text: Detlef Sierck

Frag' mich nicht, ob ich dich liebe (Erscheinungsdatum unsicher)
Musik: Schmidseder
Text: Beckmann

Laß mich geh'n (Erscheinungsdatum unsicher)
Musik: Zelibar
Text: Beckmann

Eine Frau wird erst schön durch die Liebe (März 1938)
aus: Heimat
Musik: Theo Mackeben
Text: Michael Gesell

Drei Sterne sah ich scheinen (März 1938)
aus: Heimat
Musik: Theo Mackeben
Text: Hans Brennert

Von der Puszta will ich träumen (Oktober 1938)
aus: Der Blaufuchs
Musik: Lothar Brühne
Text: Bruno Balz

Kann denn Liebe Sünde sein? (Oktober 1938)
aus: Der Blaufuchs
Musik: Lothar Brühne
Text: Bruno Balz

Nur nicht aus Liebe weinen (August 1939)
aus: Es war eine rauschende Ballnacht
Musik: Theo Mackeben
Text: H. F. Beckmann

Fatme, erzähl' mir ein Märchen (August 1939)
aus: Lied der Wüste
Musik: Nico Dostal
Text: Bruno Balz

Sagt dir eine schöne Frau »vielleicht« (August 1939)
aus: Das Lied der Wüste
Musik: Nico Dostal
Text: Bruno Balz

Ein paar Tränen werd' ich weinen (August 1939)
aus: Das Lied der Wüste
Musik: Nico Dostal
Text: Bruno Balz

Heut' abend lad' ich mir die Liebe ein (August 1939)
aus: Das Lied der Wüste
Musik: Nico Dostal
Text: Bruno Balz

Wo ist dein Herz ... (Oktober 1940)
aus: Das Herz der Königin
Musik: Theo Mackeben
Text: Harald Braun

Schlummerlied (Oktober 1940)
aus: Das Herz der Königin
Musik: Theo Mackeben
Text: Harald Braun

Ich sag' nicht ja – ich sag' nicht nein (Februar 1941)
aus: Der Weg ins Freie
Musik: Theo Mackeben
Text: H. F. Beckmann

Ich will nicht vergessen ... (Februar 1941)
aus: Der Weg ins Freie
Musik: Theo Mackeben
Text: Harald Braun

Davon geht die Welt nicht unter (Februar 1942)
aus: Die große Liebe
Musik: Michael Jary
Text: Bruno Balz

Blaue Husaren (Februar 1942)
aus: Die große Liebe
Musik: Michael Jary
Text: Bruno Balz

Mein Leben für die Liebe – jawohl (Februar 1942)
aus: Die große Liebe
Musik: Michael Jary
Text: Bruno Balz

Ich weiß, es wird einmal ein Wunder gescheh'n (Februar 1942)
aus: Die große Liebe
Musik: Michael Jary
Text: Bruno Balz

Jede Nacht ein neues Glück ... (April 1943)
aus: Damals
Musik: Lothar Brühne
Text: Bruno Balz

Einen wie dich könnt' ich lieben ... (April 1943)
aus: Damals
Musik: Lothar Brühne
Text: Bruno Balz

Wann wirst du mich fragen ... (Februar 1950)
aus: Gabriela
Musik: Michael Jary
Text: Kurt Schwabach

Es gibt keine Frau, die nicht lügt ... (Februar 1950)
aus: Gabriela
Musik: Michael Jary
Text: Kurt Schwabach

Wenn der Herrgott will (Februar 1950)
aus: Gabriela
Musik: Michael Jary
Text: Kurt Schwabach

Und wenn's auch Sünde war (November 1952)
aus: Cuba Cabana
Musik: Heino Gaze
Text: Bruno Balz

Sag' mir nie wieder »je t'aime« (November 1952)
aus: Cuba Cabana
Musik: Heino Gaze
Text: Bruno Balz

Du machst mich so nervös (November 1952)
aus: Cuba Cabana
Musik: Heino Gaze
Text: Bruno Balz

Eine Frau in meinen Jahren (November 1952)
aus: Cuba Cabana
Musik: Heino Gaze
Text: Bruno Balz

Wenn die wilden Rosen blühn (Februar 1958)
aus: Ave Maria
Musik: Grothe
Text: Bruno Balz

(Eine nahezu vollständige Diskographie befindet sich im Anhang von Paul Seilers »Zarah Diva«. Dort sind auch anderssprachige Aufnahmen verzeichnet.)

Bibliographie

Bücher:

Christa Bandmann/Joe Hembus, Klassiker des deutschen Tonfilms, München 1980.

Francis Courtade/Pierre Cadars, Geschichte des Films im Dritten Reich, München 1975

Peter Kreuder, Nur Puppen haben keine Tränen, Bergisch-Gladbach 1973

Zarah Leander, Es war so wunderbar! Mein Leben, Hamburg 1973

Curt Riess, Das gab's nur einmal, Bd. 3 und 4, Wien-München 1977

Cinzia Romani, Filmdivas des Dritten Reiches, München 1982

Paul Seiler, Zarah Leander. Ein Kultbuch, Reinbek bei Hamburg 1985

Ders., Zarah Diva. Das Porträt eines Stars, Berlin 1985

Artikel:

Gerhard Brunner, Zarah Leander rettete den Abend nicht (Die Welt, 17.2.1975)

Werner Burkhardt, Zarah Leander – es war ihr großer Tag (Süddeutsche Zeitung, 18.11.1968)

Manfred Delling, Zarah Leander – ihre Rolle und ihre Rollen (Deutsches Allgemeines Sonntagsblatt, 5.7.1981)

Gabriele Engert, Voller Mund, rote Perücke, Sonnenbrille (Die Zeit, 11.12.1981)

Michael Frank, Zarah, der Star (Süddeutsche Zeitung, 12.10.1973)

Gudrun Gloth, Neun doppelte Wodka und einmal Zarah einfach (Quick, 18.3.1976)

Hellmut Kotschenreuther, Zarah Leander und ihr Stiefel (Tagesspiegel, 4.3.1976)

Karena Niehoff, Wucht und Weh (Tagesspiegel, 4.10.1973)

Hans Nogly, »Wollt ihr einen Star sehen, schaut mich an« (Stern, 2.7.1981)

Günther Rühle, Die ganz große Geliebte (Frankfurter Allgemeine Zeitung, 24.6.1981)

Helma Sanders-Brahms, Zarah, in: Jahrbuch Film 1981/82, hg. von H. G. Pflaum, München 1981

Alphons Schauseil, Ich muß mich ausruhen, ich bin so müde ... (Hamburger Abendblatt, 26.7.1978)

Marie-Luise Scherer, »Ihre Stärke war Hoheit« (Der Spiegel, 7.12.1981)

Hilde Spiel, Frau mit Vergangenheit (Frankfurter Allgemeine Zeitung, 7.11.1964)

Diess., Das Lächeln einer Sommernacht (ebd., 4.3.1975)

Lothar Sträter, Zarah Leander zwinkert mit den Augen (Weser-Kurier, 30.12.1960)

G. Wandel, Theater um Zarah (B. Z., 23.3.1965)

Register

HEYNE
FILMBIBLIOTHEK
Unvergeßliche Stars · Große Filme
Geniale Regisseure

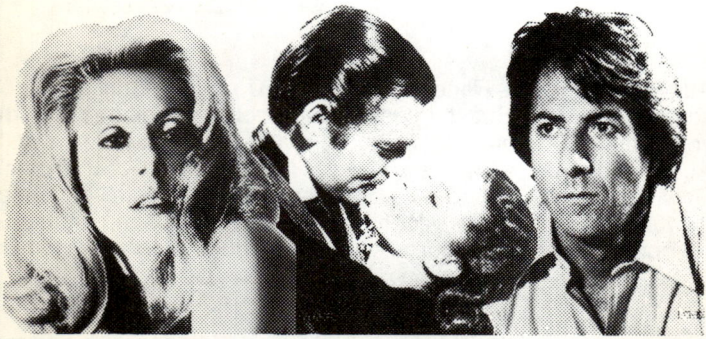

HEYNE
BÜCHER

HEYNE
FILMBIBLIOTHEK

Unvergeßliche Stars · Große Filme
Geniale Regisseure

Preisänderungen
vorbehalten.

**Wilhelm Heyne Verlag
München**